# MON DÉBARQUEMENT

LÉON GAUTIER

AVEC FRÉDÉRIC LETERREUX

City
*Témoignage*

ISBN : 978-2-8246-2215-6
Code Hachette : 61 9399 3
Collection dirigée par Christian English et Frédéric Thibaud
Catalogues et manuscrits : city-editions.com



Dépôt légal : Juin 2023

# MON DÉBARQUEMENT

# Sommaire

*La mémoire est*
*la sentinelle de l'esprit…*

William Shakespeare

*À Dorothy*

1

# 100 ans

Avoir 100 ans en 2022, même avec l'allongement de la durée de la vie, est toujours un événement. Mais quand vous êtes le dernier vétéran encore en vie du commando Kieffer, le dernier combattant français à avoir débarqué le 6 juin 1944 sur une plage de Normandie, et quand vous soufflez vos cent bougies dans la commune que vous avez libérée soixante-dix-neuf ans plus tôt et où vous vivez depuis une trentaine d'années, cet événement prend une tout autre dimension.

Pourtant, ce 27 octobre 2022, à Ouistreham, je veux fêter l'événement sans tambour ni trompette. Avec simplicité, entouré de ma famille, y compris de mes arrière-arrière-petits-enfants. Le dernier a à peine 1 an. Cinq générations réunies pour célébrer un moment important. C'est sans compter sur la municipalité de Ouistreham qui veut me rendre hommage. Tout d'abord avec des photos de moi accrochées au mur de la mairie. Et pas des petites. Une cérémonie est ensuite organisée à la Flamme, le monument érigé sur une coupole de tir, vestige du mur de l'Atlantique, prétendument imprenable. Rommel avait pourtant prévenu : c'est ici que les Alliés débarqueront et par un temps épouvantable, ce sera le jour le plus long… Ce monument est une œuvre d'une artiste caennaise, Yvonne Guégan (1915-2005), où sont gravés les noms des dix commandos français tués sur le secteur de Ouistreham le matin du 6 juin 1944. Avec André Ledran, l'ancien maire de Ouistreham, j'ai participé à l'élaboration de ce monument qui représente une flamme, comme celle de la lumière de la liberté qui jaillit après les ténèbres. On peut aussi y voir une proue de navire, comme ceux qui nous ont amenés ici, il y a bientôt quatre-vingts ans. Devant cette stèle inaugurée le 6 juin 1984 par François Mitterrand, un olivier de 100 ans a été planté pour mon anniversaire. Comme les 100 années que j'affiche au compteur de la vie. Cela fait bizarre d'avoir cet âge. Je n'avais pas imaginé qu'un jour, je serais centenaire, mais il faut prendre la vie comme elle vient. Même si ce n'est pas toujours évident.

Malheureusement, j'ai perdu tous mes camarades au fil des années. Je suis le dernier survivant. Au fur et à mesure que mes frères d'armes disparaissaient, je me posais légitimement la question : qui sera le dernier des cent soixante-dix-sept ? Après le décès de Jean Morel, le 24 novembre 2019, nous n'étions plus que deux, Hubert Faure et moi. Lui avait déjà largement dépassé les 100 ans. L'annonce de la mort de Jean m'a fait beaucoup de peine. Jean, c'était un copain qui avait combattu avec moi. On ne s'est jamais quittés. J'allais le voir chez lui à Saint-Malo et il venait chez nous à Ouistreham. La veille de partir pour la grande aventure, quand Philippe Kieffer nous a dit que nous risquions d'avoir des pertes importantes et qu'il ne retenait personne, nous étions tous à l'appel le lendemain. Dont Jean Morel. C'était un brave, un soldat, un copain… À la fin, il ne parlait plus trop de la guerre. Je ne sais pas s'il avait oublié ou si c'était sorti volontairement de sa mémoire. C'est quelque chose de possible. Et puis Hubert Faure est décédé le 17 avril 2021 à un âge très avancé. À 106 ans. Il fallait bien un dernier, ça tombe sur moi… Une amie de ma fille Jacqueline, qui a travaillé au musée du Numéro 4 Commando à Ouistreham, lui disait : « Tu verras ce sera ton papa, Léon, le dernier… » Elle n'avait pas tort.

J'ai bien conscience qu'après ma disparition, une page importante va se tourner. Quand le dernier témoin direct s'en va, l'événement devient l'histoire. Ce n'est pas de moi, mais de Stéphane Grimaldi, ancien directeur du Mémorial de Caen, après la disparition du dernier Poilu de 1914-1918, Lazare Ponticelli. C'est loin tout cela maintenant, cela va faire quatre-vingts ans l'année prochaine. Mais ça ne s'oublie pas. Pour une bonne raison : nous rentrions au pays, l'arme à la main. J'en parle plus loin dans ce livre mais il n'était pas question pour nous de faire demi-tour. Je ne suis pas un héros. J'ai seulement fait mon devoir de Français comme beaucoup le font encore aujourd'hui. En cette journée du 27 octobre 2022, j'ai une pensée particulière pour mon épouse Dorothy, décédée le 26 mars 2016, à 91 ans, mais aussi pour mes frères d'armes du commando Kieffer. Quelques-uns sont tombés tout près de moi. Mourir pour la France à 20 ans, c'est beaucoup et ils ne pouvaient pas donner plus. Je ne sais pas si j'ai autant de mérite qu'eux mais une chose est sûre : je suis très fier d'avoir servi mon pays à leurs côtés. Le jour de mes 100 ans, en présence d'anciens commandos marine, de Romain Bail, maire de Ouistreham, de Sophie Gaugain, vice-présidente de la région Normandie, du député Christophe Blanchet, et d'élus, sans oublier André Ledran, ancien maire de Ouistreham, j'ai une nouvelle fois dit ce que je pense de la guerre, comme je l'ai souvent fait, notamment quand je témoignais devant des élèves : c'est la pire des choses qui puisse arriver. C'est un souvenir qui reste à jamais gravé dans votre mémoire. On tue des gens en face de vous qui n'ont rien fait, qui ont une famille, une femme, une mère, des enfants. Et tout cela pour arriver à quoi ? À une réconciliation qui aurait pu être faite sans que le sang coule inutilement ? Aujourd'hui, soyons vigilants : la paix, c'est quelque chose de sacré. En temps de guerre, on parle des militaires, des gens en opérations, mais on oublie trop souvent les civils, comme les victimes de la bataille de Normandie qui se sont comptées par milliers. Et jusqu'à la fin août 1944, avec la libération de la partie est du pays d'Auge, nous avons largement eu le temps de constater l'étendue des dégâts. Y compris au début du mois de septembre, quand nous avons refait, en camion, le chemin en sens inverse jusqu'à Arromanches pour repartir en Angleterre. Les chars ensevelis dans la terre, les maisons éventrées…

C'était impressionnant, les cicatrices de la guerre étaient loin d'être refermées.

Avec le recul, je me dis que le plus dur, ce n'est pas de combattre. C'est de creuser un trou, comme cela m'est arrivé de le faire à Amfreville pour enterrer un copain. Avec le même protocole : l'envelopper dans sa couverture sortie de son sac et le mettre au fond de ce trou avec sa plaque d'identité militaire. Vous écrivez ensuite son nom sur une feuille de papier que vous glissez dans une bouteille que vous mettez sur sa tombe de fortune, en attendant que les troupes de l'arrière viennent l'exhumer pour l'enterrer dans un cimetière militaire ou pas. La première pelletée de terre que vous mettez sur lui, ça, je peux vous l'assurer, vous ne l'oubliez jamais. Quand vous mettez un frère d'armes en terre, le temps ne fait jamais son œuvre. Aujourd'hui encore, rien que d'y penser j'en ai encore la gorge nouée.

Moi qui souhaite, ce 27 octobre 2022, un événement sans « flonflons », dans l'intimité familiale, j'ai aussi droit à un « joyeux anniversaire Léon » repris en chœur, non seulement par les officiels mais aussi par les anonymes qui se pressent derrière les barrières. Ils sont venus me voir et veulent rendre hommage, comme l'a rappelé le maire, Romain Bail, « au Ouistrehamais le plus célèbre, qui vit ici depuis trente ans, près de l'endroit où il a débarqué le 6 juin 1944 ».

Il n'y a pas de tambour ni de trompette pour mes 100 ans, mais une cornemuse. Comme celle de Bill Millin, le piper qui a débarqué sur Sword le Jour J.

Comme celle aussi qui m'a accueilli à la fin du mois de juin 1943 quand je suis arrivé en fin de soirée pour la première fois au camp d'entraînement d'Achnacarry pour l'impitoyable stage commando, au nord de l'Écosse. Le 27 octobre dernier, au son du magnifique *Amazing Grace*, un des cantiques chrétiens les plus célèbres dans le monde anglophone, et sous les crépitements des flashes, je me suis approché de l'arbre centenaire. En pensant à mes camarades, tombés en Normandie il y a soixante-dix-neuf ans. Le 6 juin 1944, quelques-uns sont morts à quelques mètres de cet endroit, près de la plage, où nous sommes réunis pour mes 100 ans. Je pense notamment à Dumenoir, surnommé « Pépé », qui a à peine eu le temps de fouler le sol de France, fauché en sortant de la barge de débarquement. Le second-maître Dumenoir avait d'ailleurs participé à la tentative de débarquement de Dieppe en août 1942. Sa montre a été récemment retrouvée en région parisienne, elle a rejoint une vitrine du musée de Ouistreham. D'autres camarades sont tombés un peu plus loin et plus tard au cours de la bataille de Normandie. Eux aussi se sont sacrifiés sur l'autel de la liberté.

Le 27 octobre, en fin d'après-midi, à 17 heures, le téléphone sonne chez moi, dans ma maison de Ouistreham, où toute la famille est réunie. Ce jour où le compteur de ma vie passe à 100, je me doute bien que ce n'est pas un démarcheur téléphonique pour me vendre des panneaux solaires ou une pompe à chaleur ! Je me dis : « Tiens, un ami ou quelqu'un de la famille qui m'appelle pour me souhaiter mon anniversaire. » C'est en fait l'Élysée.

« Monsieur Gautier ? me demande une voix à l'autre bout du fil, ne quittez pas, je vous passe le président de la République. » C'est Emmanuel Macron. Il veut simplement me souhaiter un bon anniversaire. Si on m'avait dit un jour que le chef de l'État m'appellerait pour mes 100 ans ! J'ai en tout cas été très touché par cet appel.

Je me souviens du 6 juin 2019, avec des membres de ma famille, dont mon petit-fils, officier chez les commandos marine, je suis dans la tribune officielle à Colleville-Montgomery pour le soixante-quinzième anniversaire du Débarquement. Autre symbole : dans la même tribune se trouvent Dominique et Denise, les filles de Philippe Kieffer et d'Alexandre Lofi, respectivement commandant et commandant en second du commando Kieffer. En 2019, nous ne sommes plus que trois survivants, Jean Morel, Hubert Faure et moi-même. Mes deux camarades n'ayant pas pu se déplacer pour cette commémoration, à Colleville-Montgomery, la seule plage où des Français ont débarqué le 6 juin 1944, je me suis donc retrouvé tout seul pour représenter notre glorieuse unité. Les mots du président de la République m'ont beaucoup ému. Comme à chaque fois, j'ai repensé à mes copains tombés à côté de moi pour que nous puissions vivre dans un monde libre et en paix. Soixante-dix-neuf ans après cette journée qui a changé le monde, je me dis qu'avoir débarqué en ce début de matinée du 6 juin 1944 est un privilège. Le 18 juin 2021, au Mont-Valérien, j'ai été élevé au titre de commandeur de la Légion d'honneur. Emmanuel Macron, après m'avoir décoré, a dit que les Françaises et les Français ont une dette imprescriptible à notre égard. Peut-être. Mais une chose est sûre : il faut tout faire pour préserver la paix. Le chef de l'État m'a ensuite reçu en toute simplicité dans son bureau de l'Élysée.

Quatre-vingts ans ont passé, mais rien ne pourra jamais effacer les images de cette journée où je fus le témoin de ce qui deviendra la plus grande opération militaire de tous les temps. Cinq mille navires, des dizaines de milliers d'hommes, dont moi, quartier-maître fusilier marin commando, embarqué dans cette bataille. Sans oublier un nombre impressionnant d'avions transportant notamment les troupes aéroportées. Hélas, la seule journée du 6 juin n'a pas suffi pour terrasser les nazis. Il a fallu un peu plus de temps que prévu. Mais ceux qui se croyaient les plus forts ont fini par plier.

# 2

# L'enfance, l'engagement dans la marine et le baptême du feu

Je suis arrivé au monde le 27 octobre 1922 à Rennes, au 48 de la route de Lorient. Je suis né quatre ans après l'armistice du 11 novembre 1918 dans une famille d'ouvriers très modeste. Mon père est peintre en bâtiment. Ma mère, Denise, travaille à l'arsenal. J'ai deux sœurs : Denise, quatorze mois de plus que moi, et Simone, de neuf ans ma cadette. Mon grand-père et mon père ont un bon coup de crayon, ainsi que mon oncle Joseph. Ils ont d'ailleurs réalisé le portrait de ma grand-mère. À la fin des années 1930, les tableaux sont stockés dans le grenier. En rentrant après la guerre, je les cherche mais je ne remets pas la main dessus. Pourquoi je pense à ces tableaux ? Peut-être parce que ce sont des souvenirs heureux de mon enfance, comme un héritage sentimental apaisant…

Alors que je suis âgé de 3 ans, mon père construit notre maison avec des copains. Il n'y a pas d'eau courante. Comme pour de nombreuses familles qui ne roulent pas sur l'or, il faut aller chercher l'eau au puits. L'école est à deux kilomètres de la maison. Mes parents ne me déposent pas en voiture à quelques mètres du portail de la cour de récréation. Il faut y aller à pied. Ça muscle les jambes. Je vais retirer les bénéfices de cet exercice quelques années plus tard. Puis nous habitons au 132 de la route de Lorient. Maintenant, c'est la rue Théodule-Ribot. Ce n'est pas loin du stade de football où évolue l'équipe du Stade rennais. À l'époque, j'aime déjà beaucoup le sport. C'est toujours le cas, notamment avec le rugby. Je m'intéresse aussi au vélo, à 13 ans, je vais à *Ouest-Éclair*, rue du Pré-Botté, à bicyclette. Le journal, qui a eu des soucis à la Libération, comme beaucoup de titres quand les vents ont commencé à souffler favorablement, est repris en août 1944 par une nouvelle équipe pour prendre le nom de *Ouest-France*. L'été, pendant le tour de France, ils affichent tous les soirs le gagnant de l'étape du jour. À l'époque, il n'y a pas Internet, pas de télé, et c'est le début de la radio que ceux qui en sont équipés écoutent religieusement le soir. Mes visites à *Ouest-Éclair* me permettent de suivre la « Grande Boucle » qui passionne la France entière. Je me souviens de la victoire d'un coureur de légende en 1934, Antonin Magne. À cette époque, je vais voir les matchs de football du club de Rennes. Gratuitement ! Je sais comment faire, en passant sur les côtés. Une opération commando avant l'heure... Plus tard, avec mon épouse Dorothy, j'ai refait le coup ! Je prends aussi une licence de boxe en amateur à Rennes, puis j'ai continué au Liban. Je tire en catégorie poids coqs, 52 kilos. Après je me suis un peu laissé aller, je suis monté jusqu'à 57 kilos. J'ai boxé à la caserne Bir-Hakeim, à Londres, près de Portsmouth, à Beyrouth. Une fois, j'ai même combattu contre un Anglais sur un bateau. Dans la boxe, je n'ai pas de chance, j'aurais bien aimé gagner un combat par KO, mais mes adversaires abandonnent souvent avant la fin du combat en mettant un genou à terre, ou l'entraîneur jette l'éponge. J'ai gardé pendant longtemps une douleur au poignet, le mal des boxeurs. Mon poids léger m'a avantagé plus tard quand il fallait faire des marches à un rythme soutenu, notamment pendant le stage commando. Sans oublier le Débarquement et la bataille de Normandie où nous avons souvent dû progresser sans traîner avec notre équipement sur le dos et l'arme individuelle. Le souvenir de la guerre 1914-1918, qui a provoqué la mort de plus d'un million de soldats français, est très présent dans toutes les familles. À une époque où les journaux sont la source principale d'information, après le travail on se rend chez des amis ou dans la famille et on discute ou on joue aux cartes. Dans beaucoup de maisons, une photo est accrochée sur le mur ou posée sur un buffet, quand ce ne sont pas plusieurs, d'un père, d'un frère, d'un fils, d'un oncle mort pour la France. Évidemment, rapidement les conversations tournent autour de l'endroit où il est tombé et dans quelles circonstances. Si les familles le savent. Ce qui n'est pas toujours le cas... Même pendant une partie de cartes acharnée, le sujet arrive à un moment ou un autre. Sans parler des dizaines de milliers de blessés, d'amputés ou de gueules cassées… C'est triste mais nous vivons un peu dans la haine de l'Allemand. Beaucoup les appellent « les sales Boches ». Si nous sommes trop jeunes pour nous mêler à la discussion, nous tendons l'oreille pour savoir ce qui se dit. Un voisin qui a connu l'enfer de Verdun raconte que les Allemands, après avoir conquis les lignes ennemies, envoient des soldats appelés des « nettoyeurs » pour achever les blessés dans les tranchées. Ces propos anti-allemands s'imprègnent lentement mais sûrement dans nos esprits. Et y restent…

Même enfant, on se rend compte des dommages que la guerre a causés, que c'est une misère. J'ai pu le vérifier quelques années plus tard. On lit aussi des reportages sur la guerre d'Espagne, il y a même des photos dans les journaux. Les Allemands, avec la bénédiction de Franco, sont venus se faire les dents avec leur légion Condor de l'autre côté des Pyrénées. Cela ne sent pas bon du tout… Outre-Rhin, les bruits de bottes se font entendre de plus en plus fort. Dès l'âge de 6 ans, nous apprenons *La Marseillaise* dans les salles de classe. À l'école, des instituteurs ont connu la Grande Guerre. Ils en parlent souvent avec à chaque fois un couplet sur ces « sales Boches ». J'ai encore en mémoire le nom d'un instituteur que j'appréciais beaucoup, M. Janin, il était très patriotique. « Les sales Boches… » Comment pouvais-je, si jeune, juger de ces expressions si lourdes de sens… ?

Au catéchisme aussi, la Grande Guerre refait surface à un moment ou à un autre… Les cours d'instruction religieuse, qui se déroulent dans la paroisse Sainte-Anne, route de Lorient, près des Papeteries de Bretagne, ne sont pas ma matière de prédilection. Je me repose sur mes copains du caté quand le curé me demande de réciter mes leçons. Comme j'ai une bonne mémoire, quand je passe après eux, ça sort tout seul. Quand mon tour arrive, le curé s'imagine que je connais mon texte par cœur. Jusqu'au jour où je suis le premier à passer. Évidemment, c'est la panne sèche. Rien ne sort. Et pour cause, je n'ai rien révisé. Je dois avoir 10 ou 11 ans. Le curé décide de me punir, il me fait mettre à genoux sur le ciment froid. Sauf que cette situation, allez savoir pourquoi, me provoque l'envie d'uriner. Je dis au curé : « Mon père, j'ai envie de faire pipi… » Droit dans sa soutane, il me répond : « Léon tu restes là ! » N'ayant pas spécialement envie de me retenir, ou pire, de faire sur moi, je sors, sans la bénédiction du prêtre, pour souscrire à ce besoin naturel contre le mur du presbytère. Furieux, le curé me gifle. L'ecclésiastique, qui n'a pas apprécié mon acte de bravoure, ne compte pas en rester là. Il va chez mes parents pour leur raconter l'histoire. Quand ma mère apprend que le curé m'a giflé, elle est furieuse à son tour. À tel point qu'elle balance une bassine d'eau de vaisselle sur le curé. Béni pour le restant année. Il n'a pas été rancunier pour autant. Appliquant les principes de Matthieu dans les Saintes Écritures, « pardonnons à ceux qui nous ont offensés », c'est lui qui a baptisé notre fille Jacqueline, une quinzaine d'années plus tard. Je ferai néanmoins ma première communion, au cours de l'été 1944, à Amfreville, sur le front, avec l'aumônier du commando, l'abbé de Naurois. Un saint homme que j'évoque plus loin dans le livre.

Après l'obtention du certificat d'études à 12 ans, j'entre au centre d'apprentissage de l'école de l'industrie à Rennes pour devenir carrossier. Le 3 septembre 1939, la guerre éclate. Mais l'envie de servir la patrie est trop forte. Je m'engage dans la marine au début de la Seconde Guerre mondiale, en février 1940. J'ai un peu plus de 17 ans. La marine est la seule arme où vous pouvez rentrer avant l'âge de 18 ans, contrairement à l'armée de terre et à l'aviation. Les jeunes à cette époque ont un fort sentiment patriotique. J'ai d'ailleurs des copains d'un an ou deux de plus que moi qui sont sur la ligne Maginot. Ils se regardent en chiens de faïence avec les Allemands, mais c'est la drôle de guerre. En attendant, quelques mois plus tard, la *Blitzkrieg*. La guerre éclair déferlera sur la France et écrasera l'armée française.

Je reçois ma lettre d'affectation le 19 février. Visite médicale, vaccins, ça ne traîne pas. Direction le dépôt de Brest où j'embarque sur le *Courbet*[1], ma première affectation. Avec mon grand sac blanc de mataf, je rejoins les six cents autres apprentis canonniers de la marine. Je fais tout mon cours du brevet élémentaire sur le cuirassé.

Outre l'instruction maritime et militaire, comme marcher au pas ou présenter les armes, l'artillerie de marine n'a plus de secret pour nous. Le bateau, riche

1. Lancé en 1911, long de 158 mètres, le Courbet a participé à la Première Guerre mondiale, notamment en Méditerranée. Il a été ensuite converti en navire école d'artillerie dans les années 1930. Pendant la Seconde Guerre mondiale, il a servi comme batterie aérienne flottante en Angleterre.

d'un effectif de mille deux cents marins, qui a servi pendant la Première Guerre mondiale, brille comme un sou neuf. Quand ils ne sont pas en instruction, les apprentis marins astiquent les cuivres pendant les « postes de propreté » du début de matinée. Tous les jours, on passe le faubert, un balai constitué de cordes pour essuyer le pont du bateau. Et je peux vous assurer que c'est propre. Ensuite, on brosse le pont avec le mouton, un appareil avec de la paille de fer. Le bidel, le capitaine d'armes, veille ! Le poste de propreté est la traditionnelle corvée de ménage réservée aux mousses dans la Marine nationale. Les instructeurs sont des anciens à qui on ne la fait pas. Certains ont même connu la guerre 1914-1918 qui n'est pas si loin…

Nous restons dans le port militaire du Finistère le temps de ma formation de canonnier. Formation que je ne termine pas puisque début juin 1940, le *Courbet* quitte la rade de Brest pour mettre le cap sur Cherbourg. J'ai déjà quatre mois de marine et nous sommes brevetés d'office. Le *Courbet* est enfin engagé dans le conflit. Et moi aussi par la même occasion. C'est mon baptême du feu. Terminé les exercices académiques des postes de combat en temps de paix. La guerre est là cette fois. Nous avons mouillé dans la rade de Cherbourg. Tous les soirs, à la tombée de la nuit, des hydravions allemands viennent larguer des mines magnétiques à l'entrée de la rade. Le navire de guerre fait tonner ses canons tous les soirs. Un véritable feu d'artifice. Il y en a douze de 305 millimètres et vingt-deux de 138 millimètres. On a aussi un canon antiaérien de 77,5 millimètres, ça donne ! Quatre ou cinq appareils allemands sont touchés. Mais leurs mines font du dégât. Quatre navires, dont un cargo anglais de 7 000 tonnes, sautent sur les mines au moment d'une renverse du courant de marée. Et du courant, entre le raz Blanchard et le raz de Barfleur, il y en a dans le Nord-Cotentin. Ce sont paraît-il les plus forts d'Europe, surtout pendant les grandes marées. Après avoir fait le plein de charbon, le *Courbet* fait cap à l'est, déborde le phare de Gatteville et longe la côte est du Cotentin. L'élève canonnier que je suis prend rapidement connaissance de l'objectif et surtout de la cible du croiseur. Au large de Carentan, notre navire doit arroser les troupes allemandes qui remontent vers Cherbourg, à la poursuite du corps expéditionnaire anglais qui veut rembarquer, pour le stopper, sinon le retarder avant Valognes, qui est également un important nœud ferroviaire avant Cherbourg. Avant d'appareiller, les obus de marine sont remplacés par d'autres munitions du même calibre. Peints en jaunes, les obus contiennent des charges explosives. Il n'y a aucun doute, les cibles seront donc à terre. Le *Courbet* tire pendant trois heures le matin et trois heures l'après-midi. La drôle de guerre qui dure depuis neuf mois est terminée. Je suis plongé dans la dure réalité du conflit qui va devenir mondial.

Coïncidence, le 18 juin, pendant que le général de Gaulle prononce son célèbre discours, que nous n'entendrons d'ailleurs pas comme beaucoup, nous avons autre chose à faire que d'avoir l'oreille collée au poste de radio, le *Courbet* bloque les Allemands au pont d'Ouve.

Autre coïncidence, ce pont, endroit stratégique situé entre Carentan et Saint-Come-du-Mont, en plein secteur Utah Beach sera, quatre ans plus tard, le théâtre de violents combats entre les Américains et les Allemands après le Débarquement. Autre clin d'œil du destin, le *Courbet* a ouvert le feu sur une colonne blindée allemande. Et pas n'importe laquelle : la 7e division blindée commandée par un certain… Erwin Rommel. Réputée insaisissable, imprévisible, audacieuse et manœuvrant rapidement, elle est surnommée « la Division frantôme », la « *Gespenter* » en allemand. Quatre ans plus tard, je me retrouverai une nouvelle fois face aux troupes de Rommel. Notamment contre la redoutable 21e Panzerdivision, à l'est de l'Orne. En juin 1944 les Allemands ne sont plus les vainqueurs de 1940 mais ils défendront chèrement leur peau. Le *Courbet* ne tire pas pour rien ce 18 juin 1940. Une centaine d'obus de marine obligeront la division de Rommel à rebrousser chemin. Même si Cherbourg tombera le lendemain, en début d'après-midi. Trente mille Anglais auront quand même le temps de rembarquer. Grâce aux coups de canon du *Courbet* et à mes collègues canonniers, ces trente mille hommes, l'équivalent de deux divisions, ce qui n'est pas rien, pourront reprendre le combat contre les nazis.

En fin d'après-midi, nous voyons, non sans surprise, approcher un chalutier avec un drapeau tricolore de grande taille flotter au-dessus de ses superstructures. À bord du chalutier se trouve un équipage de marins-pêcheurs originaires d'Isigny-sur-Mer. Ils sont venus nous demander un cessez-le-feu. Pour une bonne raison : les obus chargés d'explosifs font plus de dégâts sur la population civile jetée sur les routes de l'exode que dans les rangs de la Wehrmacht ! Anecdote amusante, parmi ces civils, il y a un jeune garçon de 8 ans que je vais rencontrer par la suite : André Ledran, qui sera maire de Ouistreham pendant de longues années. Il est à Carentan, sur les routes de l'exode. Dieu merci, il ne sera pas atteint par les tirs du *Courbet*. Des années plus tard, quand il apprendra que j'étais sur ce navire, il me dira que ça faisait un sacré boucan. Il ne croyait pas si bien dire…

Ses canons réduits au silence, le *Courbet* fait demi-tour. Les côtes du Nord-Cotentin sont pour moi la dernière image de la France. À ce moment, je ne pense pas un seul instant que j'attendrai quatre ans avant de les revoir… En juin 1944, nous serons un peu plus à l'est de la baie de Seine. Pour une autre histoire. Mais revenons à cette fin de journée du 18 juin 1940, le *Courbet* fait cap au nord, vers l'Angleterre. Le cuirassé est escorté par un destroyer. Le D84, son immatriculation est restée imprimée dans ma mémoire. Accompagnés par un aviso, le *Sarvognan de Brazza*, nous arrivons devant les côtes sud de l'Angleterre le lendemain. Nous resterons au mouillage, entre l'île de Wight et Porstmouth, avant de nous amarrer à quai. À cet instant, je ne sais pas encore que je vis mes dernières heures à bord d'un navire qui entrera lui-aussi dans l'histoire. Il finira comme brise-lames, trois jours après le Débarquement devant Hermanville. Le capitaine de vaisseau Roger

Wietzel, qui deviendra amiral par la suite, le commande à ce moment-là pour son dernier voyage vers la côte normande tout juste libérée. Un des mâts du *Courbet* a été récupéré après la guerre et érigé à côté du port de plaisance de Ouistreham. Autre symbole, c'est à bord du même navire que Philippe Kieffer, en 1941, a eu l'idée de créer le premier commando constitué de Français. L'épave du cuirassé est toujours localisée sur les cartes marines devant la Côte de Nacre.

L'Appel du 18 juin est prononcé quelques heures plus tôt par celui qui va devenir le chef de la France libre. Nous ignorons tout de lui. Si ce n'est qu'un général de brigade n'est pas prêt à baisser pavillon devant l'Occupant. L'annonce de la défaite de l'armée française et de la signature de l'armistice nous surprend tous. Surtout la rapidité avec laquelle l'armée allemande a enfoncé nos lignes. Un amiral anglais vient nous voir et nous dit qu'il est possible de continuer la guerre à leurs côtés. Nous sommes suspendus aux nouvelles qui nous parviennent depuis la France. Elles sont loin d'être bonnes. On ne parle que de débâcle et de défaite.

Au petit matin du 4 juillet, je suis réveillé par des coups de baïonnette dans les fesses, au travers du hamac où je viens de passer la nuit. Pas de plateau de petit déjeuner avec le café fumant et les croissants. Mais un péremptoire « *Get up, get up* » (Lève toi !). L'amical réveil des marins anglais nous fait accélérer le mouvement. Nous avons droit à un branle-bas, selon l'expression employée dans la marine, des plus particuliers. Dans la marine à voile, le branle-bas consistait à rouler les hamacs avant de les ranger. Mais ce matin, pas de sonnerie du clairon, seulement des baïonnettes anglaises en guise de réveille-matin… Les Britanniques viennent de saisir le bateau et nous forcent à descendre. Nous sommes conduits dans un grand hangar près des quais. Des officiers anglais, qui parlent parfaitement le français, sont installés devant des grandes tables. Ils nous interrogent un par un. Les militaires britanniques nous expliquent que deux possibilités s'offrent à nous : rejoindre la marine anglaise ou être emmenés dans un camp où nous serons regroupés.

Inutile de dire qu'après l'attitude hostile des marins anglais, mes camarades et moi n'avons pas plus que cela envie de rejoindre la Royal Navy. Je réponds que, finalement, je préfère rentrer en France. Je changerai d'avis dans quelques jours… Nous allons chercher nos sacs de marins dans le poste d'équipage du *Courbet*, puis nous embarquons sur des navires. Aussi étonnant que cela puisse paraître, je me souviens parfaitement que ce sont des bateaux avec des roues à aube qui effectuent la liaison entre Portsmouth et Southampton. Comme ceux que l'on peut voir aux États-Unis, notamment sur le Mississippi. Puis on nous fait monter sur un paquebot. Pas pour une croisière en mode grand luxe. Nous n'avons pas mangé depuis quelques heures et nous commençons à avoir sérieusement l'estomac dans les talons. En fouillant dans le navire, je trouve des conserves qui viennent du Cap, en Afrique du Sud, ainsi que de la confiture. De quoi nous restaurer en attendant que l'on nous donne finalement à manger. Des camions nous emmènent ensuite à la gare où nous montons dans le train pour Haydock Park, sur la côte ouest de l'Angleterre. Nous savons qu'au camp nous serons bien traités. On nous donne même un peu d'argent de poche, 10 schillings par semaine. Nous sommes huit par tente et nous avons le droit de sortir dans la journée. Que demander de plus ? Compte tenu de la manière cavalière dont la proposition a été faite, à peine deux pour cent de mes camarades marins ont accepté de rejoindre la marine anglaise.

Avec les officiers et l'équipage du *Courbet* nous nous retrouvons donc, en quelque sorte, en semi-liberté, dans un camp de toile sur ce champ de courses réputé. Il n'y a ici que des marins. La plupart viennent des navires français qui ont rejoint Portsmouth. Nous sommes bien nourris. Paul Chausse, qui fera partie du commando Kieffer, est avec moi. Au début de l'été, même ici, à une trentaine de kilomètres de Liverpool, les conditions météorologiques sont acceptables. Dans ce camp de Haydock Park, nous prenons notre mal en patience et nous nous occupons comme nous le pouvons. Nous avons le droit de sortir à condition de respecter l'heure de rentrée. Lorsque nous sommes en ville, nous nous retrouvons avec des militaires de toutes les nationalités. Au fur et à mesure que la bière descend dans les verres, il arrive que la tension monte et que des bagarres se déclenchent ici ou là. Il n'est pas rare de voir un copain rentrer avec un œil au beurre noir. Rien de bien méchant cependant.

Comme quand nous étions à Portsmouth, nous continuons à recevoir des nouvelles avec des journaux qui circulent dans le camp. Nous sommes finalement un certain nombre à vouloir continuer le combat après avoir appris qu'une armée de Français libres se crée. D'autres pensionnaires du camp ont quant à eux envie de rentrer. Même pour vivre à genoux. Des candidats au rapatriement le font savoir. Sur des tentes ou sur des barrières du camp, ils ont trouvé de la peinture pour écrire : « Rendez-nous notre liberté et notre famille » ; « Nous voulons rentrer » ; « Nous voulons notre rapatriement… »

Si nous n'avons pas entendu le célèbre appel du chef de la France libre le 18 juin, nous sommes maintenant nombreux à savoir qu'un homme s'est placé dans le camp du refus, prêt à poursuivre la lutte contre les nazis coûte que coûte. Je suis de ceux-là. Quand nous avons entendu parler de la France libre, ça a tout changé.

Je rencontre des jeunes étudiants anglais qui veulent parfaire leur français. Ça tombe bien, moi, je veux travailler mon anglais.

Un jour, alors que je suis chez eux et que nous partageons le thé et des gâteaux, un copain français, Henri Lemoine, et moi, nous entendons Maurice Schumann à la radio. Le futur ministre, qui débarquera à Asnelles en 1944, a rejoint le général de Gaulle dès le mois de juin 1940. Il est devenu le porte-parole de la France libre. J'apprends qu'une armée française indépendante va continuer la guerre auprès des Alliés. Nous ignorons tout de ce général. Nous n'avons jamais entendu parler de lui. D'autant plus qu'il est officier de cavalerie et que nous sommes des marins. Nous servons sous le même drapeau mais ces deux armes sont assez cloisonnées. Cela aurait pu être un autre officier supérieur de l'armée française, c'était pareil. Quelques jours plus tard, avec des camarades, je décide de rejoindre cette armée. Nous apprenons qu'il y a un bureau d'engagement pour les Français à Liverpool. Nous sommes sept à vouloir partir. Nous en faisons part à nos chefs qui ne sont visiblement pas tous heureux de notre décision. Ils nous ont fait sortir de nos tentes pour nous mettre dans un paddock réservé aux chevaux. Qu'importe, notre décision est prise. Deux copains et moi, dans la nuit du 11 au 12 juillet 1940, nous sortons discrètement du camp. Nous longeons la voie ferrée pendant environ un kilomètre, puis nous trouvons une route qui mène à Liverpool. Nous croisons un Anglais pour lui demander notre chemin, il nous dit : « Vous n'êtes pas rendus ! Liverpool, c'est pas la porte à côté. » Il nous en faut plus pour nous démoraliser. Soudain, on entend un camion. Dans ses phares qui déchirent la nuit, nous lui faisons de grands gestes pour qu'il s'arrête ! Je le revois encore. Le camion a des pneus pleins et roule au gazogène ! Pour la discrétion, il faudra trouver autre chose… Nous sommes en tenue de marins, avec la vareuse, le col bleu et le pompon rouge. Le chauffeur nous demande : « Vous allez où comme ça ? » À l'unisson, nous lui répondons : « À Liverpool. » Lorsqu'il nous dit de monter, nous ne nous faisons pas fait prier. Arrivés à Liverpool, nous apercevons un « bobby », un policier anglais, avec son couvre-chef caractéristique, qui fait la circulation. Innocemment, du haut de mes 17 ans, je lui demande où je peux trouver le général de Gaulle. Vous pensez bien s'il connaît l'homme qui a pris les commandes de la France libre depuis quelques jours ! Malgré son regard étonné, il a la gentillesse d'appeler un taxi qui nous conduit devant un commissariat de police de la grande cité portuaire de la côte est de l'Angleterre. Je ne me souviens plus dans quel quartier de Liverpool se trouve ce poste de police mais, toujours en tenue de marin, avec nos bachis à pompons rouges, nous entrons et demandons où nous pouvons trouver le général de Gaulle ! Le planton appelle un officier de police qui arrive tout de suite. Devant cet homme qui parle parfaitement le français, nous faisons part de notre ferme intention de poursuivre la lutte contre les nazis. Le destin vient de basculer et donne un nouveau sens à ma vie.

Cela ne traîne pas. Le soir même, on nous envoie en train à Londres. Nous sommes attendus à la gare et emmenés au dépôt des Français libres à l'Olympia Hall. Deux jours plus tard, pour notre fête nationale, avec les marins des Forces françaises libres, nous sommes présentés à l'amiral Muselier et au général de Gaulle qui nous passe en revue. Il marche devant nous en nous regardant, sans nous adresser la parole. Normal après tout. Nous ne sommes que des matelots brevetés ou des quartiers-maîtres et lui, un général. On se rend compte qu'il a la grande classe et que c'est un « monsieur » !

Nous apercevons aussi la future reine d'Angleterre, curieuse de voir qui sont ces *Frenchies* qui n'ont pas envie de baisser pavillon devant les nazis. Celle qui allait devenir reine d'Angleterre n'avait que 14 ans. Je l'ai revue plusieurs fois, notamment lors des célébrations des anniversaires du Débarquement.

De Gaulle est déjà venu nous voir une semaine plus tôt. Sans doute pour savoir qui étaient ces volontaires qui refusaient la défaite, prêts à continuer le combat à ses côtés. L'amiral est lui aussi un Français libre de la toute première heure. Pendant que, dans les camps de transit et de regroupement, bon nombre de mes compatriotes marins attendent avec impatience le navire de rapatriement qui va les ramener à la maison, nous sommes un peu plus de sept cents volontaires à avoir déjà choisi leur camp. Parmi nous, il y a aussi Émile Muselier. Il est le premier officier général de la marine française à avoir rejoint de Gaulle juste après son appel à continuer le combat. Le lendemain de son arrivée sur les bords de la Tamise et de sa rencontre avec le général de Gaulle, assis sur une caisse en bois dans un modeste trois-pièces de Londres, sans mobilier, il rédige le premier ordre du jour scellant le destin des Forces navales françaises libres (FNFL). L'amiral Darlan est de la même promotion que Muselier mais il a choisi un autre camp et a eu moins de chance par la suite. Il a été assassiné en 1942 à Alger… Muselier créera sans tarder le premier bataillon de fusiliers marins le 17 juillet 1940. Puis un peu plus tard, en octobre 1940, le deuxième bataillon dont je ferai partie avec Alexandre Lofi, André Bagot, entre autres… Cette unité sera postée en Afrique pour défendre la façade maritime. J'aurai l'occasion de croiser l'amiral Muselier un peu plus tard. Pendant quelques jours, j'ai en effet été le chauffeur du patron des FNFL. L'amiral fait souvent appel à nous. Il n'est pas du genre à rester assis derrière son bureau, il bouge beaucoup. Dans une belle voiture avec le volant à droite, je découvre Londres en roulant à gauche… Je vais ainsi connaître rapidement la capitale anglaise comme le fond de ma poche. En mai 1942, l'amiral Muselier sera remplacé à la tête des FNFL par Philippe Auboyneau. Je partage cette mission avec un autre matelot, prénommé Francis et dont j'ai oublié le nom. Dans ce dépôt, il y a aussi des soldats de la Légion étrangère et des chasseurs alpins qui viennent de Narvik.

Le 13 juillet, je retrouve donc les Français qui veulent continuer la lutte contre les nazis dans le vaste hall des expositions de l'Olympia, à Hammersmith Road, à Kensington. Ce grand bâtiment en béton accueille des centaines de Français issus de toutes les armées et de toutes les couches sociales depuis le 1er juillet. Au fur et à mesure qu'un nouveau groupe arrive, il est accueilli par une vibrante *Marseillaise*. Les nouveaux arrivants sont également invités à remplir des fiches individuelles : nom, prénom, date et lieu de naissance, situation militaire, de famille, etc. Les Anglais veulent aussi débusquer des Allemands qui tentent de s'infiltrer. Quelques-uns de nos camarades, après avoir hésité, ont choisi de retourner en France. Nous, nous avons la volonté de servir et de nous placer dans le camp du refus. Je me rends compte que je suis avec des gars qui en veulent, comme moi. Nous sommes aussi conscients du risque qu'il y a si les Allemands réussissent à envahir l'Angleterre. Ce qu'ils ont tenté de faire avec l'opération Seelöwe (Lion de mer). Nous nous sommes dit : « S'ils y arrivent, on va tous y passer ! »

Après ma très brève expérience comme chauffeur de l'amiral Muselier, il me faut une nouvelle affectation.

En sortant de Carlton Gardens, le siège de la France libre, j'ai un nouveau matricule. Le 812B40 est remplacé par le 10887FNFL 40. Sur mon bachis, le bonnet de marin, la mention Courbet est remplacée par FNFL. Quand des Anglaises nous demandent ce que peut bien signifier FNFL, nous leur apportons notre réponse à nous, jeunes marins français tout juste sortis de l'adolescence : « *French Navy for Love…* ». Ou « *French Navy for Ladies* », cela dépend… La gravité de l'instant n'empêche pas la légitime insouciance des jeunes Français exilés outre-Manche.

Quand je suis arrivé en Angleterre avec le *Courbet*, à part bonjour bonsoir et merci, je ne parlais pas un mot de la langue de Shakespeare. Je sais que je dois apprendre l'anglais et sans traîner. Je trouve la combine pour faire des progrès : pendant les permissions et les quartiers libres, mes amis marins sortent entre Français, moi je pars en vadrouille tout seul. Je me fais des copains britanniques, j'engage aussi la conversation avec des jeunes filles. Je peux vous assurer qu'avec cette méthode, les progrès arrivent vite. L'idéal pour se mettre dans le bain ! Mais ma préoccupation ne se limite pas qu'à la gent féminine de Sa Gracieuse Majesté. Je veux servir mon pays. Je ne me suis pas engagé dans la marine pour me balader dans Londres. Je veux de l'action. Je ne vais pas être déçu…

Le 20 août 1940, je pose mon sac à bord du *Gallois*. Avant de quitter Londres, je touche une avance sur la solde. Petit avantage, je suis à la fois payé par la marine et la compagnie qui gère le bateau et la France libre. Ce cargo de 3 750 tonnes, d'abord immatriculé à Rouen, qui fait du cabotage jusqu'aux côtes anglaises avant la guerre, assure le ravitaillement en minerai entre le Canada et la Grande-Bretagne. Je ne fais qu'un seul aller-retour sur ce navire géré par l'Armement militaire des bâtiments de commerce. Il marche au charbon et transporte de la bauxite. Un matériau indispensable pour l'effort de guerre qui n'en est qu'à ses débuts. La bauxite est une roche sédimentaire caractérisée par sa forte teneur en alumine et en oxydes de fer. Nos tenues se teintent en rouge à force de passer à proximité de cette matière. Sur la trentaine d'hommes d'équipage, nous ne sommes que deux militaires. Le navire est dirigé par le commandant Podeur, originaire des Côtes-d'Armor, il est secondé par un Corse.

Le *Gallois* est équipé de deux canons de 90, modèle 1888, modifié 1898. Moi qui ai passé mon brevet élémentaire dans cette spécialité de canonnier, je sais de quoi je parle. La mise à feu de ces canons n'aurait pas dépareillé au temps de la marine à voile sous Louis XIV. Il fallait mettre une gargousse, une charge de poudre à canon dans son enveloppe, glisser une cartouche à blanc dans la culasse, épauler, puis mettre à feu avec un bout, une ficelle selon le langage des marins. Moi qui sors tout juste du cours de canonnier, je me retrouve avec une antiquité. Nous avons aussi deux mitrailleuses Hotchkiss que nous avons superposées sur la passerelle, et le commandant Podeur nous a interdit de nous en servir. « Trop dangereux », selon lui. Il a peur des dommages collatéraux... L'autre marin, qui s'appelle Robic, comme le coureur qui a gagné le premier tour de France après la guerre mais qui n'a rien à voir avec lui, est un vieux de la vieille. Il a combattu en 1914-1918 et me dit qu'il sait s'en servir. Au cas où...

Le voyage aller jusqu'à Newfoundland, en Terre-Neuve anglaise, se déroule sans problème. Nous passons notre temps à bichonner les armes. Nous n'avons que ça à faire, tout du moins en ce qui concerne nos prérogatives. Nous donnons aussi un coup de main au cuistot pour éplucher les patates, même si nous ne sommes pas obligés de faire cette corvée. Avec un certain intérêt, nous apprenons aussi à tenir la barre avec les marins du bord. Le *Gallois* est un peu poussif. Il marche au charbon et a du mal à dépasser les 8 nœuds, tout juste 15 kilomètres-heure, et encore, quand tout va bien ! Quand il n'y a pas trop de mer et que les vents sont favorables. Le retour est beaucoup plus compliqué. Les Allemands commencent à s'organiser et font la chasse dans l'Atlantique nord.

Arrive ce qui devait arriver : sur la route du retour, le convoi est attaqué par les U-Boot, les redoutables sous-marins allemands qui traquent les convois comme le nôtre et font souvent mouche avec leurs torpilles. L'attaque a lieu au sud de l'Islande. Quelques navires sont envoyés par le fond, en dépit de ceintures magnétiques de protection qui ne servent finalement pas à grand-chose… Le *Gallois* s'en sort miraculeusement. Avec ses machines fatiguées, et poussées au maximum, il est à la traîne. En tête du convoi, cortège funèbre plutôt, ils ont beau dire dans la radio : « Poussez, poussez ! », les mécanos, les « bouchons gras » comme on les appelle dans la marine, font des miracles. L'aiguille est dans le rouge. Nous naviguons en zigzag pour ne pas nous faire toucher. Nous avons de la chance. Les torpilles allemandes ne veulent pas de nous. Peut-être parce que nous ne sommes qu'un vieux navire de commerce qui marche au charbon. Les sous-mariniers allemands se sont peut-être intéressés à des navires plus modernes et transportant du matériel plus intéressant à envoyer par le fond que le minerai de fer. C'est la première fois que je vois des types à l'eau, accrochés à des objets flottants ou à une bouée, complètement hagards. Certains sont sur des radeaux ou des bouées de fortune. Ils s'accrochent sur tout ce qui flotte. Dans une eau froide qui vous laisse peu de temps pour sauver votre peau. Nous sommes au large de l'Islande et n'avons pas le droit de nous arrêter, au risque d'être touchés à notre tour. C'est à cet instant que je prends vraiment conscience de la dure réalité de la guerre. Je n'ai jamais oublié le regard de ces gars accrochés à leur radeau. Jamais. J'en ai fait des cauchemars pendant très longtemps. Aussi étrange que cela puisse paraître, ce fut pour moi un des épisodes les plus durs de la guerre. Le navire arrive néanmoins à Middlesbrough, dans le sud-est de l'Angleterre, pour décharger sa cargaison. Occasion de partir en permission. Un ami, Robert Coste, m'initie au patin à roulettes, le *skating*, sauf que je me débrouille mieux sur un ring que sur des patins à roulettes. En voulant me rattraper, je pars les quatre fers en l'air et je me retrouve le bras cassé, à l'hôpital. En sortant, je vais aussitôt au siège des FNFL. Un des officiers me demande : « Gautier, ça vous dirait les sous-marins ? » Je lui réponds que ça m'intéresse. Pour moi, toute expérience est bonne à prendre.

Le 23 octobre 1940, j'embarque sur le sous-marin *Surcouf*, à Devonport, à côté de Plymouth. Lancé à Cherbourg au début des années 1930, fleuron de la flotte sous-marine française, il a été l'objet d'une tentative de sabordage en juin 1940. Les Anglais ont lancé l'opération Catapult pour saisir ou neutraliser les bâtiments français et éviter qu'ils ne tombent aux mains de l'ennemi. Quatre marins sont tués lors de la prise du *Surcouf*. À Mers el-Kébir, en Algérie sur la côte méditerranéenne, mille deux cents marins français sont morts également, sacrifiés sur l'autel de la nécessité de ne pas voir les navires de guerre français pavoisés aux couleurs de l'Allemagne. Le 4 juillet, notre réveil à la baïonnette par les Anglais à bord du *Courbet* fait partie de cette opération Catapult… Le sous-marin qui est à l'époque le plus grand du monde est rapidement remis en état et réarmé. Il a une tourelle avec un canon de 205, il peut aussi embarquer un hydravion… Malgré ma spécialité de canonnier, je suis affecté à la machine. Je dors dans un local situé à côté du poste des prisonniers, un endroit où ne passe aucun organe vital du navire. Je fais partie de l'équipe chargée de la propulsion du bâtiment, sans doute en raison de mes connaissances en mécanique comme j'avais un CAP de carrossier. Contrairement à l'idée que l'on peut se faire, je n'ai pas trop souffert de la chaleur dégagée par les machines. Être affecté à bord d'un submersible n'est pas sans risque. Surtout au début des années 1940. Sans trop entrer dans les détails, un sous-marin plonge et remonte avec un système de ballasts remplis d'eau de mer. Laquelle eau de mer est purgée avec de l'air comprimé. Ce qui permet au sous-marin de remonter à la surface. En principe…

Un jour, nous avons eu une sacrée frousse lors d'une plongée. Le manomètre ne marchait plus. Nous avons bien cru que nous n'allions pas remonter. Dieu merci, cela a fini par s'arranger. Le *Surcouf* peut descendre à une centaine de mètres. Après plusieurs plongées, je suis déclaré inapte à cause de saignements de nez. J'ai aussi mal aux oreilles pendant les remontées. Le commandant, qui s'appelle Ortoli, un capitaine de frégate qui est ensuite parti chez de Gaulle comme chef de son état-major personnel, dit sur le ton de l'humour qu'il ne veut pas faire de boudin à bord. Allusion à mes saignements de nez. Il est passé ensuite amiral au début des années 1960. Avec le recul, je me dis que j'ai eu beaucoup de chance d'avoir ce petit pépin de santé : à peine un an après, le 18 février 1942, le *Surcouf* sombre en mer des Antilles. Deux versions sont avancées pour expliquer le naufrage : un abordage accidentel avec un cargo américain ou un bombardement d'un hydravion américain qui l'aurait confondu avec un submersible allemand. Toujours est-il que le bilan est terrible : cent vingt-sept marins français disparus, dont beaucoup que j'ai connus lors de mon séjour à bord du submersible, et trois Anglais. Si je n'avais pas été débarqué pour raison médicale, j'aurais peut-être fait partie de cette funeste liste des victimes reposant par 3 000 mètres de fond. Un premier coup de chance en ce qui me concerne…

À l'issue de ma visite médicale, le toubib du bord, au lieu de mettre « inapte sous-marin » sur mon livret militaire, écrit « inapte embarquement ». Après avoir été débarqué, je décide alors de me porter volontaire pour les fusiliers marins, basés à Pointe-Noire, au Congo. Je ne veux pas rester assis derrière un bureau. Je suis plutôt du genre actif. Au Congo, la mission des fusiliers marins est de surveiller les côtes. Des sous-marins allemands s'arrêtent pour ravitailler dans les ports africains. Des pêcheurs locaux sont contraints de donner leur poisson fumé aux marins allemands. Le 15 mars 1941, je suis finalement affecté au 2e bataillon de fusiliers marins qui a pour mission de garder les côtes du Moyen-Orient tout juste libérées. Ce régiment est constitué de jeunes gens comme moi. Nous sommes commandés par Thulot qui vient du commerce. Je retrouve l'ancien capitaine d'armes que j'ai connu en Angleterre, Alexandre Lofi, ainsi que Paul Chausse. Un cargo mixte, le *Copacabana*, battant pavillon belge, m'emmène en Afrique. À 18 ans, je découvre un nouveau continent, avec des paysages magnifiques. Au fil du temps, le marin que je suis a changé sa vareuse bleue pour une tenue kaki pour devenir un fantassin en quelque sorte. Sur la manche gauche de ma vareuse, l'écusson de canonnier est remplacé par celui des fusiliers marins.

Même si je ne combats pas en Afrique ni en Libye, c'est un avant-goût de ce qui m'attend dans les mois qui viennent. Puis j'arrive à Douala, au Cameroun, sur les pas du général Leclerc qui vient tout juste de libérer le pays. Nous recevons des châssis nus de camions pour monter des carrosseries avec un bois précieux d'Afrique. Je retrouve mon ancien métier de carrossier. J'aurais même pu être chef d'atelier ! À l'époque le régiment commandé par le général Leclerc ne porte pas encore le nom de 2e DB, il est appelé « colonne Leclerc ». Des marins, qui ont déjà déserté de la marine pour rejoindre la France libre, désertent une seconde fois en quittant notre bataillon pour suivre le général Leclerc.

Le 25 octobre 1941, deux jours avant mes 19 ans, je suis invité au mariage d'Alexandre Lofi, mon ami, avec qui je débarquerai le 6 juin 1944. Le mariage a lieu dans la cathédrale de Douala, au Cameroun. Mes camarades forment une haie d'honneur avec des baïonnettes. Quant à moi, on me confie une mission de la plus haute importance : les bouquets de fleurs…

Alors qu'Alexandre Lofi et Simone viennent de se passer la bague au doigt, le cortège se forme pour sortir de la cathédrale. Je suis chargé d'apporter des fleurs dans la salle où a lieu le vin d'honneur. Je me souviens encore d'une salle magnifique.

Sauf qu'il se passe un imprévu. Alors que la belle-mère d'Alexandre est accroupie pour ramasser un bouquet, dans la précipitation je pose le pied sur la jupe de la mère de la mariée. Je ne m'en rends pas compte. Quand elle se relève et qu'elle commence à marcher, la jupe tombe sur ses chevilles ! Je n'ai jamais oublié cette anecdote qui m'a permis d'apprécier la chute de reins de la belle-mère de mon ami Alexandre... Sur le coup elle me traite d'imbécile. J'ai du mal à ne pas éclater de rire...

À ceux qui rentrent dans la marine, on a coutume de dire : « Engagez-vous, vous verrez du pays... » En ce qui me concerne, je n'ai pas été déçu.

Après le Cameroun, j'ai une nouvelle fois bouclé mon sac pour le Liban et Beyrouth que je rejoins en décembre 1941. Je suis encore avec Alexandre Lofi.

Nous embarquons pour un long voyage qui contourne l'Afrique du Sud. Deux navires nous attendent à Victoria. Le *Chantilly* et un autre dont j'ai oublié le nom. À Pointe-Noire, au Congo, nous récupérons des bagnards qui viennent de Cayenne. Après avoir purgé une longue peine, ils sont volontaires pour se battre dans la France libre. Pour nous, ce sont des types qui ont fait les pires choses. À nos yeux, ils ont été domptés mais nous les trouvons très mous, très dociles. Leur cas pourrait faire l'objet d'une étude intéressante en psychiatrie. Ils ont une quarantaine d'années et du haut de nos 18 ans, nous les voyons comme des vieux. Ce n'est visiblement pas l'enthousiasme qui les a fait venir chez nous mais la promesse d'un coup d'éponge magique sur leur casier judiciaire en échange d'enfiler un uniforme et de tenir un fusil. Notre navire fait escale à Cape-Town, en Afrique du Sud. Nous changeons de bateau car le nôtre tombe en panne. Une aubaine pour des bagnards qui en profitent pour prendre la poudre d'escampette. Sur la totalité, il n'en reste plus que deux. Un, qui était plus instruit que les autres, sera le comptable du commandant. Quant au deuxième, je ne me souviens plus où il a été affecté mais la marine lui a trouvé de l'occupation. Nous prenons le train dans la gare de Cape Town pour Durban. Le voyage dure longtemps, vingt-quatre heures, mais nous en profitons pendant les arrêts pour admirer le paysage et surtout pour acheter de magnifiques corbeilles de fruits. Alexandre Lofi, André Bagot, Paul Chausse et Robert Saerens, qui seront mes frères d'armes le 6 juin, et moi, nous nous régalons. À Durban, nous montons dans un autre train qui nous emmène cette fois à Haïfa, à l'époque un port de la Palestine. Puis, avec nos sacs, nous embarquons à l'arrière de camions qui nous conduisent à Beyrouth. Nous parcourons 150 kilomètres avec une fois de plus des paysages magnifiques. Sauf que nous ne sommes pas habillés en conséquence par rapport aux conditions météo qui nous attendent. Nous sommes à Noël et c'est l'hiver au Liban. Il fait un froid de canard. Il neige et nous sommes en short et en chemisettes. Nous découvrons néanmoins un pays étonnant, à la fois montagneux et avec une belle façade maritime. Vous pouvez skier le matin et vous baigner l'après-midi. C'est aussi un pays très riche sur le plan intellectuel. Les échos de la guerre qui gronde en Europe, et qui nous reviennent ici, ne m'empêchent pas d'apprécier le Liban à sa juste valeur.

À Beyrouth, je me lie d'amitié avec un fusilier marin breton. Il a été gravement blessé aux deux jambes le 21 juin 1941 à Mezze, en Syrie, lors d'un accrochage avec des troupes aux ordres de Vichy. C'est d'ailleurs là que son chef, Robert Detroyat, a trouvé la mort, fauché par une rafale de mitraillette. On l'emmène souvent avec nous.

En février 1942, si l'armée de Rommel, le « Renard du désert », commence à baisser pavillon dans le désert devant Montgomery, les sous-marins allemands traînent aux abords des zones portuaires. Le 16 avril 1942, deux navires français et anglais sont torpillés. Quelques jours plus tard, le même U-Boot coule une dizaine de navires.

Dieu merci, il y a des moments plus gais, comme cette soirée organisée par Alex au début du mois de mai au profit des orphelins et veuves de guerre. La soirée a lieu au Grand Théâtre, une très belle salle de Beyrouth avec un hall central surmonté d'une coupole en verre teinté. Toutes les personnalités civiles et militaires qui comptent à Beyrouth sont présentes, assises sur les confortables fauteuils en velours rouge. La soirée commence par une démonstration de gymnastique avec mes copains fusiliers marins. En shorts et tricots blancs, bronzés, muscles saillants, ils exécutent des figures impressionnantes sous les applaudissements nourris du public. Une pyramide conclut leur prestation. Je suis aussi à l'affiche de la soirée pour un match de boxe contre un boxeur bien connu à Beyrouth, Michel Gahoui, champion du Liban. En 1948, il participera d'ailleurs aux jeux Olympiques à Londres, dans la catégorie poids plumes. Un dur à cuire expérimenté qui m'en fait voir de toutes les couleurs au début du combat. Mais je m'accroche. Porté par les encouragements de mes camarades et du public, je me reprends et finis par remporter le match, aux points, dans un tonnerre d'applaudissements. Mais je ne suis pas au bout de mes surprises. Après le combat, à l'entracte, Betty Grable arrive sur scène. La jeune chanteuse et actrice américaine, qui fait tourner les têtes des GI's, surnommée « la femme aux jambes à un million de dollars », est l'invitée vedette de la soirée. Sa célèbre photo en maillot de bain l'a rendue célèbre dans le monde entier. Elle entonne une chanson, puis, poussée par les « encore, encore », elle continue. Toute la salle s'est levée. Une *standing ovation*, dirait-on de nos jours. Betty Grable danse merveilleusement bien, elle fait même un magnifique numéro de claquettes. Le public est sous le charme. Moi aussi… Pour son dernier titre, elle demande qu'un militaire vienne chanter avec elle sur scène. Sur le coup, je ne sais pas trop ce qu'il me prend, mais j'y vais, sans me poser plus de questions.

Je l'accompagne pour son dernier titre, *Down Argentine Way*. Un moment unique, hors du temps… Je suis en train de chanter aux côtés de Betty Grable, l'actrice principale du film *Sous le soleil d'Argentine* qui lui a permis d'accéder au rang de star. À la fin du spectacle, c'est à moi que revient le privilège d'offrir à la belle chanteuse américaine un magnifique bouquet de roses jaunes. En échange, elle me donne une photo d'elle dédicacée. La fameuse photo en maillot de bain qui fait tourner les têtes des GI's.

Mais l'heure n'est pas toujours à la fête. Nous nous entraînons tous les jours. Si Alexandre Lofi est capable d'enfiler le costume d'organisateur de soirée, comme celle évoquée plus haut, c'est aussi un meneur d'hommes. Cours de topographie, exercices de plusieurs jours dans les montagnes libanaises, au fil du temps, nous devenons des combattants aguerris. Nous avons aussi des séances de boxe et de sport de combat. Boxeur depuis quelques années, je ne suis évidemment pas le dernier dans ce genre d'exercice. Il m'arrive aussi de disputer des combats hors de notre caserne, le « Drogou ». Ces combats me rapportent un peu d'argent et j'en fais profiter les copains. Je boxe aussi avec un camarade du 2e bataillon de fusiliers marins, Ludo Vilain. Je me souviens aussi d'un combat que j'ai disputé contre un Libanais dans une salle, Le Club musulman, toujours à Beyrouth, face à un adversaire à ma portée. Le combat est parti pour que j'emporte la décision aux points, mais soudain, j'entends le speaker dire au micro qu'un spectateur offre une prime au gagnant du match. Au milieu du ring, en plein combat, j'entends l'annonce du geste généreux. Ça me motive et je gagne par abandon de mon adversaire…

Un soir, alors que je rentre d'un gala de boxe, je fais l'objet d'une réflexion désobligeante de la part du sous-officier de service à l'aubette, le poste de garde dans la marine. Il me reprend tout d'abord sur mon retour tardif à l'unité et me demande de rentrer plus tôt la prochaine fois, sans savoir que je n'ai pas la main sur l'organisation d'un gala de boxe et que ce n'est pas moi qui établis le programme, pas plus que l'ordre de passage des combattants. Mais sa réflexion sur mon short trop court que j'enfile pour disputer mes combats ne passe pas. C'est plus fort que moi, je ne peux pas m'empêcher de lui montrer que j'ai une bonne droite. Qui passe bien malgré mon short trop court à son goût ! Ça ne rate pas, le sous-officier en parle évidemment à Alex qui me convoque le lendemain au rapport. Il me passe une soufflante et me colle deux jours de consigne. Interdit de sortie pendant quarante-huit heures… Ce n'est pas le bagne, mais quand même… Mais ce n'est pas tout. Alexandre me donne une punition supplémentaire : il me propose un match de boxe contre lui. Nous nous retrouvons dans une salle de la caserne, sur le ring entouré de mes copains hilares mais aussi impatients de voir qui va s'imposer. Le matelot, ou l'officier qui est aussi mon ami ? Plus léger qu'Alex, je lui tourne autour. Il esquive mes coups mais s'essouffle et laisse du carburant… Dans la deuxième reprise, il prend une belle droite, pas méchante, mais suffisante pour l'envoyer au tapis. Alex se relève et me dit : « C'est bon Léon, on arrête ! » Nous nous prenons dans les bras puis il me félicite : « Bravo Léon, tu as gagné, mais tu feras quand même tes deux jours de consigne. Il faut respecter le règlement. » Finalement, je ne les ferai jamais…

Le 20 juin 1942, les nouvelles du front ne sont pas bonnes. Rommel a pris Tobrouk. Plus de trente mille hommes sont prisonniers et des quantités d'armes et de véhicules sont saisies par les Allemands. Tobrouk est aussi un site stratégique, c'est le seul port en eau profonde entre l'Égypte et la Tunisie. Rommel et ses troupes foncent sur El Alamein. Nos entraînements continuent, toujours sous la conduite d'Alexandre Lofi.

Le 11 août, le général de Gaulle arrive à Beyrouth. Il souhaite montrer aux Anglais son mécontentement par rapport à leur ingérence dans les affaires françaises, notamment dans cette région du Levant. Quelques jours plus tard, le chef de la France libre apprend l'échec du débarquement de Dieppe, l'opération Jubilee, qui a causé la mort de deux mille soldats. Le 11 novembre 1942, la France prend un nouveau coup derrière la tête : les Allemands envahissent la France libre. Un 11 novembre… Hitler aime bien les symboles.

En juin 1940, il a exigé que l'armistice soit signé au même endroit que celui de 1918, à Rethondes, près de Compiègne. Il a même fait sortir le wagon pour le mettre au même emplacement que le 11 novembre 1918…

Nous ne faisons pas encore la guerre mais nous sommes prêts à la faire. La Libye n'est pas très loin, les Italiens, les copains des Allemands, sont là.

Le 23 janvier 1943, le général Leclerc reprend Tripoli. Bientôt, notre présence ne sera sans doute pas d'une grande utilité au Liban. Un proche retour en Angleterre est sur toutes les lèvres. D'autant que nous apprenons dans des journaux que des Français ont participé au raid de Dieppe six mois plus tôt. Qu'ils ont aussi pris part à d'autres coups de main avec un certain Philippe Kieffer. Pendant un temps, je deviens le secrétaire du bataillon. Nous sommes confiants mais aussi conscients de ce qui nous attend. À Alexandrie, où je vais chercher du matériel, on sent que cela ne se passe bien du tout entre les vichystes et les gaullistes. De Gaulle est la bête noire de ceux qui ont choisi le camp de Pétain pour beaucoup…

# 3

# Les commandos

Au début de l'année 1943, après avoir entendu que des Français ont intégré les commandos en Angleterre, environ 80 hommes du 2$^e$ bataillon se portent volontaires pour rejoindre cette unité d'élite. J'en fais partie.

À la mi-mars 1943, nous montons dans des camions à Beyrouth. Ils nous conduisent à Port-Saïd. Cette fois, ça y est, c'est le grand retour pour l'Angleterre. Nous embarquons à bord du *Maloja*, un cargo transporteur de troupes de 22 000 tonnes. La montée à bord se fait par une porte latérale. Dans un mélange d'odeurs de peinture, d'huile, de graisse, caractéristique aux navires, nous entrons dans les entrailles du navire par une étroite coursive. Il y a des militaires de toutes les nationalités, notamment des Sud-Africains qui vont descendre au Cap. Avec mes expériences maritimes sur le *Courbet* et le *Gallois*, je reconnais le bruit familier du guindeau qui remonte l'ancre à l'avant du bateau. Doucement, la ville de Port-Saïd disparaît. Sur notre babord défilent les magnifiques paysages du désert du Sinaï, à tribord c'est l'Égypte. Commence la longue descente du canal de Suez. Nous sommes bien logés, dans des cabines. À l'approche de la mer Rouge, la chaleur devient étouffante. Pour entretenir notre condition physique, Alexandre Lofi nous réunit sur le pont tous les jours pour une séance de gymnastique rondement menée. Pompes, tractions, grimper à la corde, séries d'abdos. Alex sait que le moral des troupes passe par une santé irréprochable. Il me demande aussi d'organiser des matchs de boxe tant que la lumière du jour le permet, car la nuit, c'est le black-out complet. Les sous-marins allemands peuvent frapper à tout moment. Je me souviens de ces corps dans l'eau, de ces regards suppliants. J'ai déjà vécu cela dans l'Atlantique nord sur le *Gallois.* Mes camarades se passionnent pour ces matchs de boxe ainsi que d'autres passagers du navire. Ils permettent de tuer le temps. Le *Maloja* passe au large du golfe d'Aden avant l'océan Indien. À bord, quelques-uns s'inquiètent des conditions de navigation dans cet endroit du globe souvent balayé par les tempêtes. Beaucoup n'ont pas le pied marin et effectuent leur première grande navigation. L'escale à Durban est la bienvenue pour ceux qui souffrent du mal de mer. Ils attendent avec impatience la virée à terre. Il est prévu de débarquer des soldats sud-africains. Aidé par les remorqueurs, le *Maloja* manœuvre et accoste le long du quai. Avec leurs sacs sur le dos, les soldats sud-africains mettent pied à terre. Ils ont combattu en Libye, en Égypte, et sont bien contents de rentrer enfin au pays. Des camions les attendent sur le quai. La police vérifie les papiers d'identité des personnes qui débarquent pour cette courte escale. Le navire repart pour continuer sa route dans l'océan Indien avant une nouvelle escale à Cape Town, à la pointe de l'Afrique du Sud. Uun camarade, Martin, et moi, nous débarquons et en profitons pour, selon l'expression, nous « taper la cloche » dans un bon restaurant de la cité sud-africaine. Avant de larguer les amarres, le *Maloja* embarque une trentaine d'infirmières revenant de Libye et rentrant, comme nous, en Angleterre. Elles ne passent pas inaperçues, notamment auprès des fusiliers marins en transit qui ne ratent pas une occasion de les aider pour porter leurs bagages ou les guider dans les coursives du cargo pour qu'elles retrouvent leurs cabines… Quelques-unes répondent à notre anglais approximatif avec le sourire, d'autres, épuisées par des mois de travail dans des conditions difficiles, restent indifférentes. En tout cas, je peux vous certifier que, dans nos rangs, il n'y a jamais eu autant de volontaires pour assurer les gardes de nuit… Le navire reprend sa route et entame sa remontée vers le nord avec un mauvais roulis que beaucoup n'apprécient pas… Les côtes africaines défilent sur tribord, avec des noms évocateurs pour moi : Douala, Pointe-Noire…

Régulièrement, des exercices de sauvetage et d'évacuation du navire sont organisés. D'autant plus que les sous-marins allemands rôdent toujours et n'hésitent pas à s'attaquer à des navires transportant des passagers. Nous apprenons que, le 15 mars, le paquebot *Empress of Canada* a été envoyé par le fond au large de Freetown, causant la mort de quatre cents passagers. Nous faisons le tour de l'Afrique pour ne pas faire escale à Gilbraltar.

En arrivant au sud de l'Espagne, ça ne rate pas, je vous le donne en mille, on s'arrête à… Gibraltar, notre dernière escale. Nous y restons trois jours, le temps de ravitailler. Mais nous n'avons pas le droit de descendre à terre. Les redoutables nageurs de combats italiens, basés à Tanger, sont surveillés comme le lait sur le feu pour éviter qu'une charge explosive ne soit placée sous la coque d'un navire. Le détroit entre l'Europe et l'Afrique, est considéré comme un secteur à risque, une vraie poudrière. Nous remontons en convoi qui est constitué d'un contre-torpilleur, de deux frégates anglaises, de deux navires transporteurs de troupes, de trois navires avec du matériel militaire et de trois autres transportant divers matériels.

Après avoir longé les côtes portugaises, nous mettons le cap vers le large pour éviter le golfe de Gascogne et la façade ouest de la France. En passant au large de ces côtes, nous pensons à notre beau pays que nous comptons libérer bientôt… Notre voyage se termine. Les côtes anglaises se dessinent dans la brume qui se lève. Le *Maloja* entre enfin dans le port de Liverpool après deux mois et demi de mer en contournant l'Afrique. Autant dire que nous avons pris le chemin des écoliers. Les amarres et les gardes sont passées. « Barre à zéro, stoppez les machines », peut-on entendre depuis le poste de commandement. Coïncidence, nous sommes un… 6 juin 1943. Un an jour pour jour avant le Débarquement qui va changer nos vies… La cité natale des Beatles, que j'ai découverte trois ans plus tôt, lors de mes premiers pas dans la France libre, a beaucoup souffert depuis le mois de juillet 1940. Nous débarquons dans un port ravagé par les bombardements allemands : quatre-vingts pilonnages en règle depuis le début de la guerre. Nous embarquons à bord de camions qui vont d'abord nous emmener à la caserne Surcouf, à Londres. Avant de partir, nous avons le temps de dire au revoir à Simone, l'épouse d'Alexandre Lofi, et à son bébé, Alain, qui étaient du voyage depuis Port-Saïd.

La *troop* 1 étant déjà opérationnelle, le capitaine Trépel décide de s'impliquer sans compter dans une nouvelle unité uniquement constituée de commandos français.

Avant de rejoindre Eastbourne, entre Brigthon et Hastings, sur la côte sud de l'Angleterre, nous arrivons en juin 1943 à Londres, à la caserne Surcouf. Nous sommes d'abord quarante-cinq volontaires. Philippe Kieffer vient nous voir. C'est mon premier contact avec lui. Il passe devant nous, prend son temps, regarde les gars et en élimine déjà quelques-uns. Il a dû consulter les livrets militaires et les états de service. Pour notre futur chef, le commando doit être un gentleman, ce n'est pas une tête brûlée et encore moins un voyou. Il veut donner une image différente de celle que le commun des mortels peut avoir. Mais la discipline de fer est là…

Puis, le 13 juin, c'est enfin le départ pour Eastbourne, où nous intégrons provisoirement cette unité destinée à faire un premier tri avant de monter en Écosse. Il y a toutes les nationalités, des Polonais, des Belges, des Norvégiens, des Français bien sûr, des Hollandais, et même une section composée de jeunes Allemands israélites. Avant de prendre place dans le train qui nous emmènera dans le nord de l'Écosse, les futurs apprentis commandos, nous avons droit à une mise en bouche et surtout à une première sélection : 7 *miles* à effectuer en moins d'une heure avec l'équipement complet. Un peu plus de 11 kilomètres. Les marches avec l'équipement complet, le *Field Service Marching Orders*, seront souvent au menu. Tout est déjà mis en place pour écarter les plus faibles, qui sont priés de partir avec l'infamante mention RTU, « *return to unit* », « retour à l'unité d'origine », sur le livret militaire. Certains, sans doute fragiles sur le plan psychologique, ont traîné cela toute leur vie.

Nous voulons à tout prix rejoindre les commandos en Écosse. Je fais partie de ce nouveau régiment constitué d'hommes très motivés. Fusiliers marins de formation, la plupart savent qu'ils ont leur place dans cette nouvelle unité. La barre est placée très haut, mais nous sommes prêts à la franchir. Une vingtaine d'hommes complètent le nouveau contingent, ils se sont évadés et sont passés par l'Espagne, avec la terrible prison de Miranda, comme Maurice Chauvet. L'instruction commence avec Charles Trépel et Léopold Hulot, tout juste sorti de l'École des cadets de la France libre. Jean Pinelli, professeur de culture physique avant la guerre, et qui débarquera le 6 juin à Ouistreham dans la *troop* 1, est présent. Instructeur hors pair, il a toujours un carnet de notes à la main… Léopold Hulot, qui mourra au Laos, des suites des blessures provoquées par une grenade piégée, débarquera aussi avec moi le Jour J. Son père était commandant de gendarmerie à Vannes. Le capitaine Thulot préférant partir vers d'autres horizons, un autre officier prend le commandement de la future *troop* 8, une vieille connaissance, Alexandre Lofi. Le matin du 6 juin 1944, lorsque l'échelle de la barge 523 est posée sur la plage, Alexandre Lofi me dira : « Léon, surtout ne me lâche pas… » Il remplacera aussi le commandant Kieffer lorsqu'il sera hospitalisé en Angleterre en juin 1944 à la suite de ses deux blessures.

Les entraînements spécialisés qui existent jusque-là se révélant inadaptés, le besoin d'une école spécialement dédiée aux commandos devient urgent. Dès l'été 1940, en même temps qu'il crée le SOE (Special Opérations Executive), Winston Churchill souhaite la mise en place d'une force d'élite capable « de sauter à la gorge de l'ennemi… ». Churchill a toujours eu le sens de la formule. En 1942, le château d'Achnacarry, fief historique du clan Cameron, au nord de l'Écosse, est tout désigné. Il devient le camp d'entraînement des commandos alliés. Et ce n'est pas la vie de château. Les préconisations de l'état-major sont d'ailleurs très claires sur ce qui attend ceux qui veulent porter le béret vert : « Face aux forces supérieurement armées de l'occupant nazi, les commandos doivent impérativement être meilleurs que l'ennemi lors des affrontements brefs et violents qui le mettent ponctuellement à mal, puis s'éclipser avant toute réaction organisée. Il leur faut agir en totale autonomie, non pas en surhommes, mais en combattants d'élite capables de décision, de rapidité, de sang-froid, habiles au tir et au maniement de toutes les armes, habités par la rage de vaincre, courageux et dotés d'une solidité mentale à toute épreuve[1]. »

Un article d'un journal anglais consacré aux commandos, paru pendant mon séjour en Angleterre, illustre avec un humour très britannique l'état d'esprit qui doit les animer. L'article prend pour exemple l'empereur Néron, avec un numéro de cirque qu'il affectionnait : « Lions et tigres contre martyrs chrétiens. » Blasé, à force de voir des martyrs chrétiens résignés, il demande au maître de cérémonie de lui trouver autre chose afin d'améliorer l'ordinaire. Ce dernier revient en disant : « Empereur, nous avons trouvé quelque chose de spectaculaire : des féroces barbares venus des terres de Grande-Bretagne et que l'on surnomme "commandos" ! » « Merveilleux, répond l'empereur romain, qu'on les mette sous de solides verrous dans la cage à côté des lions"… » Sauf que le lendemain soir, à l'heure des jeux du cirque, rien ne se passe comme prévu. La cage des commandos à peine ouverte, ces derniers bondissent au milieu de l'arène. Quant à la deuxième cage, quand elle est ouverte par les gardes, aucune réaction. Inquiet, Neron vient aux nouvelles : « Qu'est-ce qui ne va pas ? » Tremblant de peur, le maître de cérémonie accourt : « Empereur ! Nous avons oublié de nourrir les commandos hier soir. Ils ont fracturé la porte de la cage des lions et les ont dévorés… »

Avant de monter dans le train pour l'Écosse, nous subissons les premiers tests physiques sur la côte sud de

1. Source : Service historique de la Défense.

l'Angleterre. Les premières marches se déroulent sous la conduite de Charles Trépel, un officier qui vient de l'armée de terre. On nous a tous prévenus qu'avec les instructeurs anglais, ça ne plaisante pas. Et qu'il n'y aura pas de séance de rattrapage. Quand vous êtes viré par les Anglais, c'est définitif.

Sous la conduite de Charles Trépel et d'Alexandre Lofi, lundi 28 juin, notre groupe est enfin transféré à Glasgow. Une dernière inspection au quartier général a lieu en tout début d'après-midi à 14 heures avec notre équipement complet. À l'issue de cette première sélection, nous sommes soixante-quinze hommes, sur les cent douze volontaires du départ. Nous apprendrons par la suite que notre stage réunit le plus important contingent d'étrangers jamais admis à Achanaccary. Deux heures plus tard, le train s'ébroue de la gare d'Eastbourne, emportant les futurs commandos vers leur destin. Funeste pour quelques-uns d'entre nous dans un an. Le voyage est très long. Il dure trente-six heures. Après un changement de train à Londres, le soir, nous arrivons à Glasgow où nous attendons jusqu'au lendemain matin pour une nouvelle correspondance. Dans la soirée du 29 juin, nous arrivons enfin à Spean Bridge, terminus de notre long voyage. Le colonel Charles Vaughan est sur le quai de la gare. L'archétype de l'officier anglais, droit comme un I. Nous nous apercevons immédiatement que celui que l'on surnomme « le Rommel du Nord » n'est pas là pour rigoler. Des élèves commando lui ont aussi donné d'autres sobriquets : « le loup de Badenoch », ou bien encore « le châtelain d'Achnaccary ». Il a paraît-il une préférence pour ce dernier surnom. Quelques semaines plus tard, en coiffant ses élèves avec le tant convoité béret vert, il citera Franklin quand l'inventeur du paratonnerre quitta l'Écosse en 1751 : « Vous pourrez dire que les semaines du bonheur les plus intenses que j'ai eues dans ma vie ont eu lieu ici. »

Mais avant cela il faut passer par le stage commando. Un camion est stationné devant la gare, moteur tournant, mais ce n'est pas pour nous, contrairement à ce que nous croyons au départ, fourbus par notre long voyage jusqu'ici. C'est pour transporter nos sacs... Il est un peu plus de 21 heures, le colonel relève sa manche pour regarder sa montre et nous dit : « Messieurs, le dîner est servi à 23 h 30, il n'y aura pas deux services. » Et avant de partir, il nous précise avec un flegme des plus britanniques : « Vous irez à pied. Le camp d'Achnacarry est situé à une quinzaine de kilomètres de la gare. En courant, *of course*, avec une moyenne de 10 kilomètres-heure pour ne pas manger froid... » Un avant-goût des 7 *miles* que nous devrons parcourir en une heure, c'est-à-dire une moyenne d'un peu plus de 11 kilomètres-heure. Nous sommes dans le vif du sujet. Nous voyons s'éloigner les camions emportant nos sacs pendant que nous nous élançons. Sans perdre de temps...

La « *speed march* » est l'une des épreuves les harassantes. Charles Vaughan développera le principe « mon copain et moi » le premier jour du stage commando. Il nous a prévenus : « Personne n'est à l'abri d'une défaillance.

Quand cela arrive, chaque commando doit bénéficier de l'aide de son camarade et réciproquement. Cette solidarité doit être, en toutes circonstances, le fondement de l'esprit commando. »

Peu après 23 heures, nous devinons enfin les grands murs du château d'Achnaccary se découpant dans le clair de lune derrière les arbres. Nous sommes arrivés à l'heure, avec même quelques minutes d'avance pour le repas, accueillis par la musique avec tambours et cornemuses du commando D venu tout spécialement au-devant de nous. Nous avons découvert l'immense parc de 30 hectares transformé en terrain d'entraînement devant le château semblable à ceux qui parsèment le nord de l'Écosse. Mais pour nous, ce ne sera pas la vie de château. Nous sommes logés dans des baraques Niessen, en forme de tonneau coupé en deux et constitués de tôles ondulées, qui forment l'essentiel du logement des troupes stationnées dans le Royaume-Uni. L'intérieur est spartiate. Un simple lit de camp, et une planche posée sur deux tréteaux en guise de table de nuit. Mais après les marches et les entraînements, nul doute que nous n'allons pas avoir besoin de somnifères pour trouver le sommeil… Les civils ont été évacués dans un rayon de 30 kilomètres. Circulez, il n'y a rien à voir, et malheur à celui qui tenterait de s'approcher. Quant au premier repas, il est lui aussi « raccord » avec le décor : une tranche de viande accompagnée de porridge au lait et une marmelade à l'orange comme dessert. Le tout arrosé d'un thé ! Tant pis pour ceux qui n'aiment pas le sucré-salé… Ils vont devoir s'y faire…

Le lendemain matin, le tour du propriétaire s'effectue au… pas de gymnastique. À Achnaccary, il y a aussi une règle : pas de mains dans les poches. J'entends encore les instructeurs dire aux étourdis qui oublient cette consigne : « *Are you hands cold ?* » (« Tu as froid aux mains ? »)

La promotion de juillet 1943 réunit trois cents élèves provenant de diverses unités, dont une compagnie de la Royal Navy qui continue de porter la casquette ou le bonnet de marin, selon le grade. Mais aussi des Français libres de la première heure. Depuis juin 1940, comme moi et quelques camarades. Comme nos prédécesseurs, nous allons vivre un mois d'enfer dans ce coin perdu du nord de l'Écosse.

La visite continue par la plage du loch, où accostent les barges accueillies par des balles réelles qui vous sifflent à quelques centimètres au-dessus de la tête. Et pas de carabines à plomb. Celles de mitrailleuses lourdes. Quand ce ne sont pas des balles traçantes. Tout cela dans un décor de cinéma avec la chute d'eau du Chat noir. Une légende écossaise raconte qu'en cet endroit, une sorcière aurait été transformée en chat noir. Bienvenue en Écosse.

Les armes distribuées et graissées, nous avons droit à une marche de 5 *miles*, à parcourir en quarante-cinq minutes. C'est-à-dire au pas de course pour être dans les temps, histoire de nous mettre en jambes… Sachant que c'est le temps du dernier arrivé qui est pris en compte. Difficulté supplémentaire, l'Écosse n'est pas un plat pays. Il y a des côtes, avec parfois de jolis pourcentages. Le soir de la première journée, mes camarades de la future *troop* 8 et moi, nous avons droit à une séance de cinéma. Pas de film, mais un documentaire sur les raids aux îles Lofoten, deux ans plus tôt. L'opération Claymore, menée avec succès par les commandos britanniques, a montré qu'un débarquement était possible en Norvège. « Des instructeurs ont répondu aux questions à la fin de la projection, et elles n'ont pas manqué… »

Après le comité d'accueil, nous sommes tout de suite plongés dans le grand bain. Froid évidemment… Matelots ou officiers, il n'y a pas de différence. À Achnaccary, tous les élèves sont logés à la même enseigne. Même au printemps et en été, pour le stage de la *troop* 8, les températures restent fraîches au nord de l'Écosse. Les exercices de débarquement s'enchaînent, inexorablement. Au cours de nos quatre semaines de formation, nous avons appris à utiliser le terrain et la météo, mais aussi le matériel et l'équipement les plus modernes. Nous apprenons à démonter et à remonter les armes dans le noir. L'aptitude à la survie dans cette difficile région des Highlands fait évidemment partie du programme des réjouissances… La rivière rapide Arkaig et le loch Lochy, aux eaux troubles et profondes, sont utilisés pour acquérir la maîtrise des techniques amphibies. L'accent est mis sur l'entraînement de nuit afin de transformer l'obscurité en une précieuse alliée. Les balles traçantes et les explosions n'en sont que plus visibles. Un véritable son et lumière. Aux premières loges, en plus ! Nous apprenons aussi à nous déplacer rapidement, sans zigzaguer, car les instructeurs qui jouent le rôle des snipers visent juste à côté. Lors de la prise de Ouistreham et ensuite, pendant les longues semaines au cours desquelles nous avons été bloqués dans le secteur d'Amfreville, nous aurons l'occasion de vérifier toute l'utilité de ces exercices... La topographie est également au programme. Un commando digne ce nom doit savoir s'orienter avec une carte et une boussole, de jour comme de nuit, en toutes circonstances. Nous partons à deux, la nuit, pour nous exercer. Une situation que nous retrouverons, notamment lors des patrouilles que nous effectuerons à l'est de l'Orne après le Débarquement. Les longues semaines d'entraînement intensif ne laissent pas indemnes. Nous n'avons qu'une demi-journée de repos par semaine. Elle est mise à profit pour laver le linge, écrire quelques lettres. Et prendre un peu de repos bien mérité avant d'enchaîner sur la suite des réjouissances. Il n'y a pas droit à l'erreur et encore moins de place pour les faibles et les états d'âme...

Par rapport au premier contingent, qui en a déjà beaucoup bavé, le menu de l'été 1943 est parfaitement rodé. Voire renforcé... Des candidats, notamment ceux qui sortent des prisons espagnoles, et qui sont physiquement affaiblis, ont du mal à encaisser les premières journées du training. Mais ils serrent les dents. Alexandre Lofi encourage ceux qui sont à la limite du renoncement. Les deux instructeurs, les capitaines anglais De Jongh et Burr, sont intraitables. Le premier est un officier de cavalerie belge, à la silhouette plus anglaise que celle d'un Britannique pur souche. Le deuxième confie aux aspirants commandos qu'il est irlandais et qu'il appartient « au peuple le plus heureux du monde. Quand les Anglais sont en guerre, on fait la guerre à leurs côtés, et quand ils sont en paix, on les combat... ». Un dur à cuire qui s'est fait remarquer quelques semaines plus tôt en assurant ses cours le bras dans le plâtre. Ils sont aidés par deux sous-officiers anglais. Intraitables eux aussi.

Chaque journée au camp commence par le rassemblement sur la place d'armes. En arrivant au pas de gymnastique avec l'équipement, prêt pour l'exercice, et rasé de près. Tous les officiers sont présents et les sous-officiers rendent l'appel. La parade du matin est réglée comme du papier à musique. Comme l'arrivée, le départ se fait au... pas de gymnastique, « un, deux, trois, quatre, un, deux, trois, quatre... ». L'encadrement français est assuré par Charles Trépel, assisté de deux seconds-maîtres expérimentés : Lanternier et Scherer. On nous dit souvent que le meilleur des entraînements ne vaudra jamais ce que nous allons vivre dans la réalité d'une opération ou d'une mission. Mes camarades, qui ont participé à des raids, sans parler du Débarquement, l'ont vérifié.

Il n'y aurait pas d'entraînement de commando digne de ce nom sans le fameux *close-combat*, le combat à mains nues. Les instructeurs nous ont interdit d'utiliser le poing fermé. Tous les boxeurs le savent, un coup de poing mal donné et c'est la fracture du poignet assurée. Et un élève commando qui a le poignet cassé risque de voir ses rêves s'envoler. Définitivement. Le poing est remplacé par le tranchant de la main, bien plus efficace, et qu'il faut endurcir. Ce qui rend bruyants quelques repas au réfectoire. Nous nous entraînons sur le bord des tables. Sans oublier les prises pour neutraliser efficacement un adversaire. On nous apprend aussi à nous servir d'objets de prime abord insignifiants, mais qui peuvent se révéler des armes redoutables. Comme un foulard, un crayon…

Le terrain d'entraînement des commandos, sur les rives du fleuve Arkaig, est situé à 20 kilomètres de Fort William, non loin du Loch Ness. Réputé pour son célèbre monstre mais que nous n'avons jamais vu… Nous ne sommes d'ailleurs pas là pour cela ni pour faire du tourisme. Nous n'avons pas le temps de nous attarder pour admirer le paysage. Quand bien même l'endroit s'y prête. Le château d'Achnacarry est entouré de collines, de falaises abruptes, de rivières tumultueuses. Bref, l'endroit est idéal pour former de solides combattants en quelques semaines. La marche forcée jusqu'au point culminant d'une haute colline constitue l'une des nombreuses épreuves destinées à tester la résistance des hommes, avec un redoutable parcours du combattant, à balles réelles, bien entendu. Les jeunes volontaires français que nous sommes, dont certains ont rallié clandestinement l'Angleterre pour se préparer à en découdre avec l'ennemi ont été prévenus en franchissant les grilles du château. Nous sommes accueillis par des tombes fictives où est mentionnée l'erreur qui a entraîné le décès de l'élève. « Tir maladroit » ; « Éclats de grenade », « Chute pendant une escalade ». Avec de l'humour, *so british*, aussi. Comme cette mention : « Suicide pour un retard de trois minutes au rassemblement… » Il y a aussi cette inscription sur une croix blanche réglementaire : « Soldat mort en service commandé le 20 mars 1942 par éclats de grenade à la tête. Une exécution plus rapide des ordres reçus aurait évité l'accident. » C'est plus efficace qu'un long discours… Une vingtaine de tombes fictives sont ainsi alignées à l'entrée du camp. Nous apprenons que si les tombes sont fictives, des stagiaires sont aussi morts à Achnaccary. Même si le pourcentage est infime, on peut mourir ici dans ce coin perdu du nord de l'Écosse. « Deux hommes sur mille postulants », a souligné Philippe Kieffer. Un homme averti en vaut deux…

J'ai un profond respect pour le patron des commandos, Philippe Kieffer, promu capitaine de corvette (commandant) la veille du Débarquement. Il a 44 ans en 1944. Il commence l'entraînement des commandos deux ans plus tôt. Il se tape les marches comme tout le monde, avec ses élèves, certains sont plus de deux fois plus jeunes que lui. C'est un homme droit et respectueux du travail à faire. Il n'aurait jamais demandé à l'un de ses hommes ce qu'il n'aurait pas été capable de faire lui-même. Il montre l'exemple, j'en garde un excellent souvenir. Le 6 juin, où il est blessé à deux reprises, et les jours qui ont suivi, il a été héroïque. J'y reviendrai plus loin.

Au cours de cet été 1943, la présence de ces tombes fictives me passe au-dessus de la tête. Allez savoir pourquoi, cela ne me fait aucun effet. Peut-être l'insouciance de l'âge, à 20 ans et demi… Je trouve l'entraînement très difficile, surtout les *speed marches*, mais cela se passe toujours avec une extrême solidarité. J'ai une excellente condition physique qui me permet d'encaisser. Plus on en fait, plus ça me plaît. Nous n'avons pas un gramme de graisse. Je n'en avais déjà pas avant de venir dans ce coin perdu du nord de l'Écosse, alors avec le régime d'Achnaccary…

Des ponts de corde, point de départ des courses d'assaut, sont tendus au-dessus de la rivière. Des cordes, nous en mettons parfois autour de nous. Une *toggle rope*, une solide corde d'environ 2 mètres, munie à ses extrémités d'un œil et d'un cabillaud en bois. Ces *toggle ropes* permettent de franchir des rivières . On peut s'en servir de deux manières : soit en l'utilisant comme trapèze pour se laisser glisser sur un câble. Attention à l'atterrissage après cette *death ride* (glissade de la mort) vertigineuse. On peut aussi utiliser la *toggle rope* pour confectionner un pont avec plusieurs commandos. Avec cependant un casse-tête pour le faire rapidement. Mais ces ponts de singe étaient d'une résistance à toute épreuve ! Un nouvel entraînement voit le jour, ici dans ce coin retiré de l'Écosse. Le parcours du combattant, parsemé de difficultés et de pièges, sera adopté par quasiment toutes les armées du monde après la guerre.

Une anecdote amusante me revient au sujet du franchissement d'obstacles. Sur un parcours, une fosse à purin nous attend en bas. Mitchell, un sergent de l'armée anglaise, surveille l'entraînement. Après avoir franchi l'obstacle sans problème, je me débrouille pour me réceptionner à côté. Mon *battle-dress* est sec comme s'il sortait du pressing. Michtell s'aperçoit du manège et me crie : « *Do it again!* » (« Recommencez ! »). Je me place dans le milieu du mur, de façon à atterrir au centre de la fosse. Comme le sous-officier anglais est au bord, je me reçois tellement bien que je me débrouille pour l'éclabousser des pieds à la tête. Il fait une drôle de tête sur le coup, ça n'a pas empêché que l'on devienne copains par la suite. Après, nous allons nous laver dans une rivière, pas très loin du parcours du combattant. Je revois encore la neige fondue se déverser dans le cours d'eau. Boulanger, surnommé « la Boulange », un copain que j'évoque plus loin dans ce livre dans une anecdote avec un camion « emprunté » aux Allemands, est déjà dans l'eau quand j'arrive. Il me lance, en grelottant et en claquant des dents, s'imaginant que je ne me suis pas rendu compte de la fraîcheur de l'eau : « Va… vas-y di… direct Lé… Lé… on elle… elle est bo… bonne… » Je lui réponds : « Te fatigue pas, la Boulange, évidemment qu'elle est bonne ! » J'y suis allé directement avec mon uniforme plein de purin. Heureusement il y avait du soleil pour nous sécher après. Ce qui n'est pas toujours le cas dans le nord de l'Écosse.

Le 6 juillet, avec les autres élèves d'Achnaccary, nous assistons à une parade d'une unité des Royal Navy Commando qui s'apprête à quitter le camp. Ils seront envoyés pour une opération en Sicile. Une véritable opération commando qui va malheureusement mal tourner pour les Anglais. Transportés par hydravion, ils ont été déposés en plein milieu d'un champ de mines. Les pertes seront considérables. Ils étaient commandés par Wellington, un descendant de l'amiral Nelson, qui succombera sur cette plage de Sicile. Pour la petite histoire, il portait au doigt la chevalière de son aïeul. Elle a été égarée dans le sable pendant l'accrochage avec les défenses allemandes. Dès que la plage a été prise par les Anglais, un bataillon de pionniers a été envoyé sur place pour tamiser le sable et retrouver le précieux bijou, considéré comme une pièce de musée. En vain.

Les hommes de la *troop* 8, comme les autres unités de passage à Achnacarry, sont formés à l'attaque à l'arme blanche. La fameuse dague du commando. Lors d'un cours, nous remarquons un officier anglais. À l'écart, il ne perd cependant pas une miette de la leçon. Il porte un uniforme de l'armée britannique, mais sans les insignes habituels. De temps en temps, il s'adresse à un instructeur et fait quelques démonstrations un peu rudes… Il échange une seule fois avec une recrue. Un petit malin qui a lancé sa dague pour la piquer dans un tronc d'arbre. L'officier mystérieux le reprend et lui explique que la pointe de la lame est en acier trempé mais fragile. Il a également ajouté qu'en se livrant à ce geste inutile, il se trouve désarmé. Pendant un court instant, certes, mais largement suffisant pour se faire piéger. L'officier est resté quelques jours, avant de repartir discrètement, comme il était venu. Bien plus tard, nous apprendrons que le mystérieux visiteur n'était autre que le capitaine Fairbairn, l'inventeur de la dague. Assistant commissaire à Shangaï, il avait été au contact de la pègre locale, experte en arts martiaux, et a appris des méthodes d'attaque et de défense directement inspirées des arts martiaux d'Extrême-Orient. Des choses parfois pas très catholiques mais diablement efficaces. Lors d'un séjour au Japon, il a d'ailleurs obtenu sa ceinture noire, puis le deuxième dan. Puis, avec le capitaine Sykes, un autre policier, il a mis au point une arme blanche fabriquée à Londres par le spécialiste des rasoirs et des épées : Wilkinson. Ses méthodes, publiées dans un manuel intitulé *All in Fighting* (« Tous au combat »), seront reprises plus tard dans des centres d'entraînement commando.

Le 14 juillet, alors que cinq commandos sont à l'honneur à Londres pour recevoir la Croix de guerre des mains du général Giraud, je défile avec le groupe Trépel, arme à l'épaule, dans le parc du château d'Achnacarry. Pour la fête nationale française, mes camarades aspirants au béret vert et moi, nous avons aussi droit à une *Marseillaise, made in Scotland*, avec les cornemuses qui couvrent les clairons et les tambours pendant que le drapeau tricolore claque au vent sur le mât du château. C'est très émouvant. Pour notre fête nationale, Londres nous a fait envoyer du vin sur lequel nous ne nous jetons pas en raison du *training* qui nous attend le lendemain matin. Le dimanche suivant, des camarades qui ont eu droit à quelques heures de « quartier libre », selon la formule employée dans l'armée, veulent aller boire un verre au prochain bistrot. Sauf que ce n'est pas la porte à côté. Bien entraînés, ils se sont dit que ça ne leur faisait pas peur. Ils parcourent des *miles* et des *miles*, avant de trouver porte close et un écriteau sur la façade : « *Sunday close* » (« Fermé le dimanche »)... Cela leur a toujours fait un bon entraînement. La journée de repos, qui nous a été accordée pour notre fête nationale, se termine par la projection du film de René Clair, *14 Juillet*, sorti dix ans plus tôt, avec Raymond Cordy, le père d'Annie Cordy… Un instructeur se livre à quelques confidences : « Les choses sérieuses commencent demain… »

Dans les deux semaines qui suivent, nous sommes plongés dans la guerre ! Exercices de débarquement, avec des balles réelles au-dessus des têtes ; explosions de mines qui soulèvent d'impressionnantes gerbes d'eau ; nous sommes soumis à un entraînement des plus poussés. Nous réalisons maintenant des choses dont nous pensions que nous n'étions pas capables d'accomplir. Dont l'assaut de la vallée de la mort. La difficulté de cet entraînement impitoyable nous permet d'affronter des situations très compliquées pendant le Débarquement mais aussi après. Au menu : ramper sur une centaine de mètres, sous les balles réelles bien évidemment, attaques à la baïonnette, franchissement d'une palissade ; progressions dans le vide à l'aide de cordes ; nouvel assaut à l'arme blanche sur des mannequins remplis de paille… Le tout parcouru au rythme infernal d'une marche forcée, une *quick march*. Ce n'est pas le sac qui nous gêne le plus mais l'arme individuelle qui ballotte. Il faut arriver tous ensemble, pas question de laisser un camarade à la traîne. Pour ma part, j'ai eu de la chance de ne pas souffrir d'ampoules aux pieds. Après la guerre, des élèves commando ont raconté avoir pallié ce problème avec deux paires de chaussettes. Une première, légère, avec du savon, puis celle de dotation par-dessus. Je ne suis pas persuadé de l'efficacité de ce système que je n'ai en tout cas pas expérimenté… Les apprentis commandos travaillent aussi en binôme. Progressant sous le feu de l'ennemi, l'un des partenaires doit couvrir l'avancée de son camarade. Nous devons aussi neutraliser des cibles qui surgissent de partout et par surprise.

Un soir, nous avons droit à un repos bien mérité. C'est tout du moins ce que nous pensons. Une troupe du Théâtre aux armées joue une pièce qui se déroule pendant la Première Guerre mondiale. Elle a pour cadre les tranchées. Les bombardements sont figurés par des coups de tambour et des feux de Bengale. Mes camarades du cours commando et moi, nous commençons à être aguerris au feu et aux explosifs, nous ne sommes pas plus que cela impressionnés… La pièce traîne en longueur et certains piquent déjà du nez. Mais la soirée n'est pas terminée. Lorsque nous sortons du baraquement où a été donnée la pièce, nous apercevons des camions, moteurs tournants. Un exercice de nuit nous attend. Il y a toujours une surprise pour les élèves à Achnaccary… Après le coucher du soleil, dans les véhicules bâchés, nous ne pouvons pas voir où nous allons. Les camions nous emmènent à un endroit que nous estimons à une quinzaine de *miles* du camp. Soit 24 kilomètres. On nous a remis des cartes et l'objectif est de rejoindre le camp. Mais nous avons un doute : nous avons ressenti des chocs identiques à plusieurs reprises pendant le trajet. Nous avons la certitude que nous avons tourné en rond. À peine descendus des camions, nous suivons un petit sentier qui nous conduit, en à peine un kilomètre jusqu'à l'entrée du camp et… à nos chambrées.

Le lendemain, nous avons droit à une attaque de « Berlin ». Au programme : débarquement, opposition à balles réelles, riposte au mortier sur l'adversaire. Notre groupe est accueilli par un panneau sur lequel est écrit : « *Berlin, the Führer is at home…* » (« Berlin, le Führer est à la maison… »).

Le cours touche à sa fin. C'est la dernière ligne droite. Une dizaine d'élèves sont à l'infirmerie ou ont eu leur billet de retour pour Eastbourne. Le tant redouté « *return to unit* ». Je m'accroche.

Le dimanche 25 juillet, après le café et l'office religieux pour ceux qui le souhaitent, les instructeurs annoncent la couleur : « La fin de séjour va être brève. Une partie de campagne de quarante-huit heures, avec tenue complète, vivres, armes et munitions pour une manœuvre avec opposition. » Ce que notre *troop* 8 va vivre dans exactement un an. Dans des conditions réalistes cette fois. Lors de l'exercice, la première attaque a lieu alors qu'une rivière est traversée. La riposte ne se fait pas attendre. Un instructeur est capturé ! Le métier commence à rentrer. Mais il reste encore des progrès à faire. Alors que nous abordons une colline, nous sommes surpris par un coup de sifflet. Une quarantaine de silhouettes surgissent de partout. Dans des conditions réelles, on nous a fait remarquer que nous aurions subi des pertes considérables. Avec des éclaireurs plus attentifs, nous aurions pu éviter ce genre de situation. La leçon est retenue. À l'heure du déjeuner, nous devons faire face à un ennemi inattendu : les moustiques. Ils ont été attirés par la fumée provoquée par le lichen réchauffé. Une véritable attaque en règle. Dieu merci, un Canadien connaît la parade : il rabat son bonnet de laine sur son visage et découpe deux petites fentes à hauteur des yeux. Les mailles de laine devant sa bouche permettent à l'air de passer. Le lieutenant Lofi a beau invoquer « une détérioration volontaire d'effets militaires », nous adoptons vite la manière canadienne de nous protéger contre les maudits moustiques. La marche reprend, accompagnée par une nuée d'insectes. Sans piqûre.

Le dernier bivouac du stage est choisi dans un endroit sans lichen. La nuit a été calme. Les instructeurs passent une partie de la nuit à chercher les stagiaires. Ils ne nous trouvent qu'en tout début de matinée. La faute aux moustiques qui les ont obligés à revoir leurs plans. Le stage est presque terminé.

À 14 heures, nous arrivons au loch. Nous embarquons sur les canots et traversons la rivière sous les explosions et une fois de plus sous les tirs à balles réelles qui nous passent à quelques centimètres au-dessus de la tête. À 16 heures, clap de fin sur le stage. Il ne reste plus qu'à nettoyer les armes et les tenues. Le cours de la *troop* 8 est terminé. Mais les résultats ne sont proclamés que le lendemain. La patience est une qualité. Y compris chez les commandos. Les notes sont très bonnes pour la plupart d'entre nous. Sur les quatre-vingts fusiliers marins inscrits au début du stage, il n'y a que dix abandons et cinq ont été déclarés inaptes.

Le 29 juillet, je touche enfin le graal : le brevet commando. Nous sommes soixante-cinq à coiffer le béret vert lors d'une cérémonie sans tralala présidée par le colonel Vaughan. Ce béret vert durement acquis est orné d'un losange bleu blanc rouge avec une croix de Lorraine. Il ne porte pas encore l'écusson des commandos marine. Il sera créé en février 1944 par un autre camarade commando qui a un très bon coup de crayon, Maurice Chauvet. Je me souviens que, lors des commémorations, après la guerre, il mettait souvent un pantalon écossais, en souvenir de son passage dans le camp d'Achnaccary. Il avait d'ailleurs un appartement à Ouistreham, tout près du musée. Le capitaine Trépel, avant de partir pour le raid qui allait finir de manière tragique en Hollande, lui demande de lui dessiner un projet d'écusson. Quelque temps plus tard, Philippe Kieffer le relance : « Dis donc le capitaine t'a demandé un croquis, qu'est-ce que ça devient ? » Au début, il y a une tête de mort, ça ne lui plaît pas, cela rappelle beaucoup trop certains insignes nazis. Maurice Chevet se remet au travail et lui montre le nouveau projet avec le brick de l'aventure, qui évoque la marine et la dague des commandos. Philippe Kieffer est emballé et lui dit : « Fais-moi un dessin de 25 centimètres de haut, je vais le montrer à l'amiral d'Argenlieu. Et n'oublie pas de mettre une croix de Lorraine dans un coin. » Maurice se remet au boulot et crée ce dessin qui va rentrer dans l'histoire sur un coin de table. Et pour parfaire les arrondis, il a utilisé le bord d'une assiette en aluminium retournée sur le papier. Quatre-vingts ans après, les commandos marine français portent toujours l'insigne avec le dessin créé par Maurice Chauvet. Seule l'inscription du bas a changé puisque le 1er bataillon de fusiliers marins commandos a été dissous après la guerre.

La sortie du camp se fait, comme pour l'arrivée, au son des cornemuses. Soixante ans plus tard, le 27 avril 2004, à l'occasion du soixantième anniversaire du Débarquement, avec une douzaine d'anciens du commando Kieffer, je suis revenu en pèlerinage dans ce magnifique endroit de l'Écosse. Nous étions moins alertes qu'en 1943…

À Achnaccary, c'était l'enfer, on courait tout le temps. Un an plus tard, le jour du Débarquement, sur la plage de Ouistreham, j'ai compris l'utilité de cette méthode d'entraînement… Dans ce camp d'Écosse, les marches, les courses, tout était chronométré. Nous nous demandions pourquoi il fallait parcourir les distances en vingt, trente ou cinquante minutes. Hors entraînement, nous faisions plus d'une centaine de kilomètres par semaine. Même si le 6 juin n'était pas le seul objectif de ce stage, nous étions sûrs d'aller au combat un jour ou l'autre. Preuve de la dureté de l'entraînement, le premier médecin du commando, avant le capitaine Lion, qui sera d'ailleurs tué à Ouistreham le 6 juin, a préféré quitter l'école d'Achnaccary et retrouver la tranquillité de son cabinet médical. La fameuse *speed marche*. *7 miles,* soit 11,2 kilomètres à effectuer en une heure maximum, cela peut paraître facile pour quelqu'un qui a un minimum de condition physique, sauf que cela ne se fait pas en mode randonnée pépère… Avec tout l'équipement, sac, arme et munitions, ça change tout. On appelle cela une marche, mais c'est surtout une course... La première fois, si vous êtes hors délai, vous êtes traité de mangeur de grenouilles. La deuxième fois, c'est retour à l'unité, *return to unit* comme disent les Anglais, et adieu au béret vert... Quelques-uns ont été éliminés, dix à quinze pour cent. Être renvoyé de ce camp était ce qui pouvait nous arriver de pire. Je me souviens encore de la détresse de mes camarades priés de nous quitter. Beaucoup serreront les dents pour éviter un passage à l'infirmerie avec le risque d'un billet sans retour. Le rôle des commandos est également de faire des coups de main sur les côtes européennes. Ces raids nocturnes ont pour objectif de tester les défenses allemandes, l'armement sur le site, les heures de relève, de détecter les mines, de les ramener en Angleterre pour les étudier. Ces expéditions servent aussi à prélever des échantillons du sable de la plage en vue d'un éventuel futur débarquement. Bien évidemment nous avons été formés pour ne laisser aucune trace de notre passage. Des prisonniers allemands sont aussi ramenés de l'autre côté de la Manche pour être interrogés. Ces raids ne sont vraiment réussis que s'il n'y a eu aucun accrochage avec l'ennemi. Ce qui n'est pas toujours le cas... L'un de ces raids, celui de Wassenaar, en Hollande, dans la nuit du 27 au 28 février 1944, a été un désastre. Hitler a considéré les commandos comme des hors-la-loi avec un décret du 14 octobre 1942. Il avait ordonné que tout commando capturé soit éliminé. C'est ce qui s'est passé en Hollande, où ils ont tous été martyrisés[1]. Trépel a trouvé la mort, ainsi que Cabanella,

1. Lire en annexe.

Devillers, Guy, Hagneré et Rivière[1]. Beaucoup de mes camarades étaient déjà condamnés à mort par Pétain car ils étaient des déserteurs de l'armée française. Je n'ai pas participé à ces expéditions nocturnes avant le Débarquement. En décembre 1943, je suis pourtant prévu sur un raid de sondages et de reconnaissance à Étaples, sur la côte du Pas-de-Calais, avec Alexandre Lofi.

Ces raids sont très cloisonnés. Personne n'est au courant de ce que l'autre va faire. On ne sait pas quand on va partir, on l'apprend juste avant. Pour les raids, nous partons sans papier ni document d'identité.

Nous sommes deux. La mission consiste précisément à reconnaître un champ de mines, dresser un plan précis des lieux, et si on tombe sur un Allemand isolé, le faire prisonnier et le ramener en Angleterre pour qu'il passe par la case confessionnal… Soit que le temps ne s'y prête pas, ou les Allemands sont au parfum… Toujours est-il que l'opération est annulée au dernier moment. Nous sommes arrivés à la gare de Douvres, puis nous avons embarqué à bord d'un MTB (Motor Torpedo Boat), une vedette rapide qui devait nous emmener de l'autre côté de la Manche. Elle transporte un doris pour nous débarquer. On nous a même servi à manger, mais en cours de route, un ordre tombe à la radio du bord : « *Turn around* » (« Faites demi-tour »). Je n'ai jamais su pourquoi officiellement… Nous étions probablement attendus par les Allemands sur les côtes françaises. L'information n'est pas arrivée toute seule dans les oreilles des officiers de la Wehrmacht. Il n'est pas

1. Source : Service historique de la Défense, Direction de la mémoire, du patrimoine et des archives.

impossible qu'un civil anglais proche des commandos se soit livré à quelques confidences. Des agents travaillaient d'ailleurs pour les Allemands en Angleterre. Quelques-uns, découverts plus tard par les services secrets anglais, seront arrêtés.

Chance ou malchance ? Je ne pars donc pas en raid. J'ai pourtant passé beaucoup de temps à étudier les plans de cette mission. Je me souviens parfaitement de la configuration des lieux. Il y avait deux voies de chemin de fer, une route départementale, un poste de garde avec des Allemands, une ferme sur la gauche... Tout était dans ma tête. J'étais pourtant prêt. Sur le moment, j'ai beaucoup de regrets de ne pas avoir foulé le sol de France. Mais je ne perds rien pour attendre. Le 6 juin et les semaines qui ont suivi, j'ai largement eu mon compte...

Après la cérémonie de fin de cours, un déjeuner est servi à l'hôtel situé en face de la gare de Spean Bridge. La promotion quitte l'Écosse et revient à Eastbourne. Les deux instructeurs, les capitaines de Jongh et Burr, en tenue de sortie sans un faux pli, montent dans le même train que nous. Ils partent eux aussi en permission. Les nouveaux commandos sont à Eastbourne pour très peu de temps et pour un très éphémère repos. Après une matinée consacrée aux formalités, papiers et compléments de paie, le sac est à peine déballé qu'il faut à nouveau le refermer. Nous prenons la direction de Plymouth pour le camp des Royal Marines. L'objectif : parfaire la condition physique. Avec une dimension supplémentaire : se familiariser avec les différents types de barges et péniches de débarquement. Avant de partir,

Philippe Kieffer nous passe en revue. Sans quasiment dire un mot. Il nous salue et laisse la parole au capitaine Trépel. Ce dernier nous dit que le commandant Kieffer est satisfait de nous et que notre tenue est parfaite. Puis le capitaine Trépel ajoute que la formation commando que nous venons de subir n'est qu'un début. Il nous précise que d'ici peu, nous allons partir chez les Royal Marines, que cela ne doit pas nous inquiéter mais que les Anglais sont prêts à nous en faire baver. Trépel ajoute : « Les commandos vous offrent une vie dure, l'entraînement ne cesse jamais, mais c'est une vie de *gentlemen*, alors, conduisez-vous en *gentlemen*… »

Quelques jours plus tard a lieu la Conférence de Québec. Connue sous le nom de code Quadrant, cette réunion est destinée à planifier les prochaines étapes importantes de la Seconde Guerre mondiale, dont le débarquement en Normandie. Les attributions des commandements seront arrêtés à la Conférence interalliée de Téhéran à la fin du mois de novembre 1943. Rétrospectivement nous avons compris l'utilité de ces entraînements au débarquement dans le sud de l'Angleterre.

Après un retour de permission, nous participons au concours du meilleur commando avec des courses, des franchissements d'obstacles, des tirs… Il y a aussi un exercice avec des *bren guns* automatiques, des fusils-mitrailleurs, qui tirent à 80 centimètres au-dessus de nos têtes, à balles réelles, bien entendu. Et de préférence sans nous toucher. Bref tout ce qui fait notre lot quotidien. Nous ratons de peu la première place pour une histoire d'obus de mortier partis en même temps. Nous finissons à la seconde place à un point des Belges. Les Anglais sont un peu vexés de terminer à la troisième place et de laisser les deux premières à des unités étrangères. Jouer à la guerre pendant la guerre, quelle idée ! Et pourtant, quel entraînement efficace pour nous motiver !

Le 1er août, après une séance de tirs, nous sommes convoqués dans l'après-midi au *special store*, « magasin special ». Nous comprenons rapidement de quoi il s'agit. Après le rassemblement à 14 h 30, nous passons par l'armurerie où nous est attribué le fusil qui ne nous quittera plus. L'arme est adaptée à chaque morphologie, y compris pour les gauchers avec un levier d'armement à l'envers. Puis nous recevons les souliers de raid avec le mode d'emploi. De retour dans notre logement, nous devons les faire tremper dans l'eau toute la nuit. Le lendemain matin, après avoir épongé les chaussures, nous devrons les enfiler sur une paire de chaussettes propres pour une marche de 12 *miles* (19 kilomètres). Après avoir séché, elles prendront la forme définitive des pieds du marcheur. Nous avons effectué la marche, sans bruit, à part un suintement qui s'estompe au fur et à mesure que les chaussures sèchent. Nous sommes logés chez l'habitant, d'où l'expression « billet », « bilète » disent les Anglais qui n'arrivent pas à prononcer le mot « billet ». Loger chez l'habitant est un privilège accordé aux commandos. Nous sommes comme des coqs en pâte ! Nous partageons le petit déjeuner avec nos hôtes qui prennent soin de nous comme si nous étions leurs enfants. À Douvres, nous sommes logés chez des gens qui s'appellent Pike. Après huit décennies je me souviens encore de leur nom. Le mari travaille aux chemins de fer anglais. Son épouse est aux petits soins pour nous. Mon copain Pierre Vinat, un ancien infirmier passé chez les commandos, qui a d'ailleurs débarqué à Ouistreham avec la *troop* 1, et moi nous sommes considérés comme les fils de la maison. Le jeudi soir, nous emmenons Mme Pike au cinéma. Après la séance, nous passons par le pub avant de rentrer. Un soir, nous sommes mis en alerte bombardement. Nous passons la nuit avec les Pike dans un *shaelter*, un abri creusé dans le jardin. À part un obus tombé en face de leur maison, il n'y a pas d'autres dommages. Nous avons aussi été logés dans une autre ville, à Peace Haven, appelée ainsi parce qu'elle a accueilli des soldats en convalescence. Le matin, on prend le bus pour se rendre à notre PC, comme un ouvrier prend le métro pour aller travailler à l'usine.

Nous avons aussi droit à un exercice en plein hiver à Newhaven, dans une forêt pendant trois jours. Le thème de ce *training*, comme disent les Anglais est le camouflage. Il a eu lieu dans une forêt. Je suis avec Paul Chausse. Il a neigé, et nous avons des vestes réversibles, en kaki camouflé d'un côté, blanc de l'autre. Nous nous sommes cachés dans la neige, après avoir retourné notre veste, pour la bonne cause… Les Anglais ne nous ont pas trouvés. Peut-être qu'ils nous cherchent encore.

Après une semaine rythmée par des entraînements, des séances de tir, des marches, y compris un maniement de pelle-bêche pour creuser un trou personnel dans un magnifique gazon – un entraînement qui aura son utilité, nous le verrons plus tard –, nous pensons avoir un dimanche de repos. Mais chez les commandos, il se passe toujours quelque chose. Nous partons pour Plymouth où nous attendent des instructeurs des Royal Marines. L'un d'eux nous apprend que le rassemblement est prévu le lendemain à 8 heures, mais qu'il sera au point de rendez-vous à 7 h 30. Il nous demande d'en faire autant car il a, paraît-il, des choses importantes à nous dire en dehors de la présence des officiers... Le lendemain, nous sommes tous au rendez-vous. Avec une demi-heure d'avance. Nous sommes pressés de connaître ce qu'il a de si important à nous apprendre... Le sous-officier nous explique que les manœuvres d'embarquement et surtout de débarquement sont dangereuses. Il nous raconte que quelques semaines plus tôt, la porte d'une barge à bord de laquelle se trouvaient des rangers de l'armée américaine s'est ouverte. Des soldats sont tombés à l'eau, et huit d'entre eux, alourdis par leurs armes et leur *full equipment* (équipement lourd), n'ont pas survécu. Il nous précise que si nous sommes sérieux, il se fait fort de nous amener « tous en vie à la fin du stage... ». Nous voilà rassurés.

Le premier entraînement a lieu sur un LCP (L), péniche de débarquement. Ce modèle a été utilisé lors du raid sur Saint-Nazaire qui a tourné au drame. Construite en bois, propulsées à l'essence, la plupart ont flambé comme des torches. Nous découvrons qu'elles sont maintenant réservées aux exercices. J'ai l'impression que ces manœuvres de débarquement effectuées sur des plages ne sont pas que pour nous. Elles sont aussi pour les gars de la Navy, afin qu'ils aient une maîtrise parfaite. Ce qui sera d'ailleurs le cas à Ouistreham où, grâce à eux, nous avons débarqué au mètre près.

À la fin de l'année 1943, à Peacehaven, et à Littlehampton, je remarque que des barges et des péniches de débarquement sont en construction. Ça commence à sentir bon…

Autre souvenir ô combien marquant de mon séjour en Angleterre, ma rencontre avec celle qui va devenir mon épouse, Dorothy. En août 1943, Philippe Kieffer envoie des commandos s'entraîner à Douvres, dans le but de préparer des raids en territoires occupés. Outre les entraînements, nous montons aussi des gardes. Alors que je suis de service devant un local qui sert de quartier général et où sont surtout stockés les plans des futurs raids, il est midi, j'entends des coups de marteau. Je suis seul à monter cette garde, tranquillement assis sur le magnifique gazon anglais. Il fait un temps splendide sur la côte sud de l'Angleterre et je me demande : qui peut bien être cet intrus dans cet endroit hautement sécurisé ? C'est en fait une intruse… Tout récemment breveté commando, je remarque une jeune femme de 18 ans en train d'installer des lignes téléphoniques dans la salle de transmission. « Qui êtes-vous et que faites-vous là ? » C'est quand même un endroit stratégique où il y a des documents confidentiels. Je demande à cette jeune femme de justifier sa présence dans cette zone militaire sous haute protection. Je veux aussi savoir par où elle est passée. « Par la fenêtre », me répond-elle, pas plus impressionnée que cela. J'ordonne à la jeune femme, qui je dois l'avouer, a échappé à ma vigilance, de sortir immédiatement. J'ajoute : « Vous allez repartir par où vous êtes venue. » Nullement paniquée devant moi, elle se présente. Elle s'appelle Dorothy Banks. Blessée grièvement lors d'une attaque allemande en 1942, par des tirs d'artillerie qui venaient de Calais, elle travaille pour les services des postes et télégraphes. Sans se démonter, elle dit qu'elle va sortir mais que je devrai expliquer au commandant pourquoi il n'a pas de téléphone. Je l'autorise à rester, mais je la surveille… Très bien même ! Dorothy m'a, selon la formule dédiée en ce genre de circonstances, tapé dans l'œil.

J'ai très envie de revoir cette jeune femme rencontrée par le plus grand des hasards. Je l'invite au cinéma et elle accepte. Rendez-vous est pris, mais lorsque Dorothy arrive à l'heure fixée, elle me dit qu'elle ne peut pas aller à la projection du film que nous devions voir ensemble : sa mère ne veut pas qu'elle sorte le soir. Qu'importe, je la raccompagne chez elle en lui disant que j'ai été content de faire sa connaissance. En sortant de ma garde, je confie ma rencontre à quelques camarades commando. Mes copains me rigolent au nez en me disant que je me fais des idées et que la belle Anglaise n'est pas pour moi. Je leur dis : « Les gars, je vous fiche mon billet que j'y arriverai ! » Et j'ai réussi, grâce au hasard. Une nouvelle fois. Un jour, je fais des courses dans un magasin, des copains m'appellent et me disent : « Léon, une jeune femme veut te voir. » C'est Dorothy. Nous étions faits pour nous rencontrer.

Quelques jours plus tard, alors que je suis dans le bus avec Dorothy, on croise ces mêmes camarades, attendant l'autocar à une station. Je revois encore leurs têtes quand nous sommes passés devant eux, Dorothy et moi ! Nous nous sommes fiancés après quelques semaines. Notre union a été officialisée devant le maire et le curé le 14 octobre 1944, à Douvres, ville d'où Dorothy est originaire. Cette ville a beaucoup souffert pendant la guerre. Je me souviens avoir vu tomber un V1 près du château à Douvres. Personne n'a été touché, mais ça a fait un sacré boucan. C'est incroyable le nombre d'obus envoyés par les Allemands qui sont tombés sur cette ville. Dans une rue parallèle au front de mer et dont j'ai oublié le nom, il n'y avait plus une maison intacte. Je ne voulais pas me marier avant le Débarquement. J'ai dit à Dorothy : « Je ne veux pas que tu te maries avec un invalide ou que tu sois veuve de guerre à 20 ans. » Nous attendons donc que je rentre intact de cette guerre pour nous passer la bague au doigt. Nos deux filles, Jacqueline et Jeannette, sont nées à Douvres, en 1946 et 1949. Dorothy avait une passion pour les chevaux. À 40 ans, elle a d'ailleurs passé son premier degré d'équitation dans l'Oise, mais elle n'a pas pu continuer en raison de sa blessure à la tête pendant la guerre. Elle a été touchée par un éclat. Elle a passé seize jours dans le coma, tout le monde la croyait perdue, jusqu'à ce qu'un jeune médecin australien tente l'opération de la dernière chance et la sauve. Elle était d'ailleurs officiellement considérée comme une blessée de guerre. Je me souviens d'une journée où nous nous promenons près d'un centre équestre. Le propriétaire nous prévient qu'un cheval a un caractère épouvantable. Dorothy s'approche, lui parle doucement. L'animal vient vers elle et se laisse caresser. Malheureusement, les séquelles de sa blessure ne lui ont pas permis de pousser plus loin sa passion pour les chevaux.

Quelques semaines avant le Débarquement, Dorothy, qui a un laissez-passer en raison de son travail aux transmissions, peut venir me voir à Bexhill. Elle sait que c'est la dernière fois que nous nous voyons avant le grand départ que nous attendons tous. Ce qu'elle est loin d'imaginer, et moi aussi, c'est qu'il faudra attendre le mois de septembre pour nous revoir.

4

# Les préparatifs du jour le plus long

« Rassemblement ! » Le 23 mars 1944, tous les hommes placés sous les ordres de Philippe Kieffer sont réunis. Nous avons préparé nos sacs pour partir dans le nord-est de l'Écosse, dans un coin appelé le Moray Firth, pour un exercice de débarquement destiné à mettre au point ce que nous avons appris au cours des entraînements précédents. Un avant-goût du Jour J.

Charles Trépel, disparu tragiquement dans un raid en Hollande, est remplacé par Alexandre Lofi. Toujours jovial, il n'en garde pas moins l'esprit militaire et professionnel. Si nous nous en sommes à peu près bien sortis le Jour J, sur la plage de Colleville-sur-Orne, c'est en partie grâce à lui.

Le 25 mars, après avoir touché l'équipement complet, nous arrivons à Inverness, dans le nord de l'Écosse, et nous prenons nos quartiers dans un camp. Nous nous rendons compte qu'il y a beaucoup d'unités et qu'un entraînement important se prépare. Trois jours plus tard, nous prenons place à bord d'une barge de débarquement. Après deux jours et trois nuits à bord, nous sommes prêts pour l'exercice prévu le 31 mars. C'est notre cinquième entraînement de ce genre. Une répétition générale grandeur nature de ce qui nous attend. Nous débarquons en pleine nuit, il doit être un peu plus d'1 heure du matin, dans des conditions assez réalistes : de l'eau jusqu'au ventre et au milieu des fumigènes. Nous avons attaqué et pris nos objectifs. Mais ce n'est pas fini. Nous nous regroupons pour nous mettre en formation de marche. Au programme : une vingtaine de kilomètres avec le sac sur le dos et nos armes individuelles. Les choses sérieuses commencent vraiment avant le grand rendez-vous avec l'Histoire.

De retour dans le Sussex grouillant d'hommes et de matériel, dans le sud de l'Angleterre, le 1er avril, nous sommes une nouvelle fois rassemblés pour rencontrer celui dont nous entendons parler depuis plusieurs jours : le colonel Robert Dawson. L'emblématique chef du numéro 4 commando, qui parle parfaitement le français, nous annonce officiellement notre intégration à son unité franco-anglaise d'ici une quinzaine de jours. Nous devinons rapidement qu'une grande opération militaire est en train de se préparer. À juste titre. Le colonel Dawson a été appelé en février 1944 par Lord Lovat. Il apprend alors que son objectif pour le Débarquement est une batterie allemande située sur la partie la plus à l'est de l'opération Overlord, à Ouistreham. Le secteur a pour nom de code Sword. Cette batterie est un danger pour les troupes qui vont débarquer. Il faut la mettre hors d'état de nuire. Lord Lovat, qui a eu connaissance des deux *troops* françaises, a alors eu l'idée de les proposer au colonel Dawson pour les intégrer dans son unité.

Nous ignorons quand nous allons partir et beaucoup trouvent le temps long. En avril 1944, Philippe Kieffer reçoit l'ordre de l'état-major de la marine de surveiller ses hommes de plus près en prenant « des mesures convenables afin de les maintenir dans une discipline verbale nécessaire... ». Malheur aux bavards ! Les commandos français sont dans le collimateur des autorités britanniques. Une note de service indique que certains d'entre eux, surtout ceux qui se rendent régulièrement à Brighton, évoqueraient « leurs exploits passés et futurs avec une indiscrétion totale ». Les commandos de Philippe Kieffer sont-ils plus indiscrets que leurs homologues anglais ? Selon le colonel Broad, bras droit du brigadier général Robertson, chef adjoint des opérations combinées, « les commandos français ont en effet tendance à être beaucoup plus bavards que les autres ». Il faut dire que l'on commence à s'impatienter. Nous avons des fourmis dans les jambes... Plusieurs rappels à l'ordre sont signifiés aux Français. Notamment avec un message de Francis Vourc'h au nom de Philippe Kieffer qui évoque « la tenue déplorable de certains Français en ville... ». À quelques semaines du Jour J, des sanctions pour indiscipline continuent de tomber. Des commandos sont exclus de l'unité pour faute grave. Un vol de moto est sanctionné par une peine de prison ferme purgée à la caserne Bir-Hakeim.

Philippe Kieffer ne plaisante pas avec la discipline, surtout pendant le service. En témoigne cette histoire arrivée à deux de mes camarades qui gardent un dépôt de munitions du numéro 10 commando. Les gardes s'effectuent à tour de rôle, entre les Français, les Belges, les Anglais… Cette fois, c'est notre tour. Deux copains sont de service, un Normand et un Corse. Et il y a des lapins partout. Les Anglais laissent l'animal aux grandes oreilles gambader. Ça pullule ! Le Corse, imaginant déjà un succulent lapin chasseur à la sauce moutarde, lance à mon ami : « Dis Jacques, si je descends un lapin tu sauras le cuisiner ? » « Bien sûr, répond Jacques, vas-y, je m'en occupe ! » Il y a une tradition dans la marine : on ne doit jamais prononcer le mot lapin sur un navire car ça porte malheur. S'ils ne peuvent pas faire autrement, les superstitieux doivent dire « le cousin du lièvre » ou « l'animal aux grandes oreilles ». Cette histoire n'a pas porté chance à mes deux copains… Toujours est-il que le Corse épaule son fusil d'assaut, un lee-Enfield, il a le lapin dans sa ligne de mire, sauf que le cousin du lièvre prend une autre direction au moment où le coup part. Le Corse rate le lapin, mais pas la vache qui se trouve derrière la haie et qui n'a rien demandé à personne. Pas plus que le lapin, d'ailleurs. L'affaire arrive aux oreilles de Philippe Kieffer qui n'apprécie pas que ses hommes prennent des libertés de ce genre pendant des tours de garde. D'autant plus que le paysan anglais, dont le champ jouxte le dépôt de munitions, demande des comptes et surtout qu'on lui rembourse sa vache morte au champ d'honneur… Furieux, Philippe Kieffer dit à ses deux commandos : « Je ne veux plus vous voir, vous retournez au dépôt ! » Mon ami et le Corse font leur sac, la mort dans l'âme, et retournent au dépôt des Forces navales françaises libres. Jusqu'au jour où un appel aux volontaires pour les commandos est à nouveau lancé. Les deux chasseurs de lapins l'apprennent et postulent une nouvelle fois pour obtenir le béret vert, alors qu'ils sont déjà passés par Achnaccary. Philippe Kieffer passe devant eux et ne les reconnaît pas. Le Corse et le Normand sont sélectionnés pour un nouveau stage commando. Ils sont envoyés cette fois dans un autre centre de formation commando, à Wrexham. Un stage tout aussi impitoyable que celui du nord de l'Écosse. Ils ressortent de nouveau badgés après plusieurs semaines en enfer. Avec leur deuxième béret vert, ils sont inspectés par Philippe Kieffer qui les reconnaît cette fois, sans savoir qu'ils viennent de se taper un deuxième stage commando. Il leur dit : « Je croyais vous avoir demandé de partir ? » Alexandre Lofi intervient, explique au commandant que les deux hommes ont refait le stage. Ils nous ont ensuite rejoints.

À la mi-avril, après une permission bien méritée de quelques jours, nous sommes envoyés à Bexhill, une station balnéaire située elle aussi au sud de l'Angleterre. Nous sommes installés chez l'habitant, toujours dans des « billets ». Une fois de plus, nous avons droit à un entraînement soutenu avec des marches forcées, des exercices de débarquement sur les mêmes barges que celles qui vont nous emmener en Normandie. Les entraînements sont répétés de nombreuses fois. Nous nous entraînons également à démolir des obstacles, à des attaques de blockhaus et de nids de mitrailleuses. Nous avons aussi droit à un cours sur les combats de rue.

De nouvelles armes sont livrées. Le fusil d'assaut anglais Lee-Enfield numéro 1 MK5 est remplacé par le numéro 4 MK1 fabriqué au Canada, une arme un peu plus légère avec une baïonnette courte. Des camarades trouvent parfois des petits mots laissés par des ouvrières dans les chargeurs, avec des mentions telles que : « Je vous l'ai monté soigneusement, faites-en bon usage. » On a envie de leur dire qu'elles peuvent nous faire confiance sur ce sujet. Quelques-unes ont laissé leur adresse. Certains de mes camarades ont écrit, mais je n'ai pas entendu parler de mariage franco-britannique avec des ouvrières travaillant dans les usines fabriquant des fusils anglais.

Une section K-Gun, avec des mitrailleuses à tir rapide, est créée. Les entraînements sont quasi quotidiens. Cette section ne sera pas inutile, loin de là, pendant le Débarquement et après.

Le 21 avril, un drame a lieu. Un entraînement grandeur nature doit être organisé sur la plage de Slapton Sands, dans le Devonshire, au sud-ouest de l'Angleterre. L'endroit est choisi car il ressemble au secteur d'Utah et d'Omaha où les Américains doivent débarquer. Les exercices sont prévus à balles réelles. Manque de chance, au même moment, neuf vedettes lance-torpilles allemandes quittent le port de Cherbourg. Elles ont pour mission d'intercepter deux convois signalés à l'entrée de la Manche. Elles ratent leurs cibles en raison du brouillard. Pas les péniches de débarquement de l'exercice programmé à Slapton Sands. Elles sont au mauvais endroit, au mauvais moment. Un seul navire de guerre américain les escorte. L'autre est en cale sèche, en réparation. Autre problème, les Anglais et les Américains ne sont pas calés sur la même fréquence radio. Loin de se douter qu'il s'agit d'un exercice, les marins allemands balancent leurs torpilles qui font mouche. Le bilan est lourd : 700 hommes, marins et soldats périssent. Sans parler des centaines de blessés... Nous n'apprendrons cette catastrophe que bien plus tard, les témoins et les survivants ayant été priés de garder le silence absolu. Sous peine d'être traduits devant une cour martiale.

Le 26 avril, une journée est organisée en l'honneur des commandos. Pour une fois pas de marche avec arme et tout le barda, mais de la musique avec le commando D venu tout spécialement d'Achnaccary, des spectacles, une partie de polo à bicyclette, un bon repas et un bal. Une séance de cinéma est aussi au programme avec un western. Les commentaires ne manquent pas quand le héros tombe comme un « bleu » dans un piège. « Ah si tu étais passé par Achnaccary, ça ne te serait pas arrivé ! » lancent quelques-uns, hilares.

Entre le 1er et le 4 mai, un exercice commun, avec le nom de code Fabius est organisé. Rien n'est laissé au hasard pour nous préparer à ce qui nous attend dans un peu plus d'un mois : attaques au lance-flammes, neutralisation de blockhaus, de nids de mitrailleuses.

Le 2 mai, je ne l'apprends que bien plus tard, une étrange affaire met en cause un journal anglais. Presque incroyable quand on y pense. Un directeur d'école, Leonard Dawe, est aussi le très apprécié « M. Mots Croisés » du *Daily Telegraph*, le quotidien d'information lu à l'époque par plus d'un million de Britanniques. Il crée les mots croisés, chez lui, ou à l'école qui se trouve juste à côté d'un grand camp de troupes américaines et canadiennes, dans l'attente du grand jour. Le 2 mai 1944, un indice de la grille de mots croisés que le *Daily Telegraph* vient de publier propose : « Un parmi 48 » en quatre lettres. La réponse est « Utah ». Le 22 mai suivant, c'est une autre définition qui est soumise aux lecteurs : « *Red Indian in Missouri.* » La réponse : « Omaha. » Puis : Overlord, Neptune… Les services secrets anglais sont aux cent coups : les définitions correspondent aux noms de code des plages attribués aux Américains, et Neptune et Overlord sont, ni plus ni moins, les deux noms de la plus grande opération militaire de tous les temps qui va être lancée d'ici quelques jours. Le directeur d'école passionné de mots croisés est arrêté, ainsi qu'un Anglais qui lui donne parfois un coup de main. Les services secrets anglais ne sont pas au bout de leur surprise. Quelques mois plus tôt, Gold, Sword et Juno avaient été proposés dans les solutions des mots croisés. Comme les noms de code des plages attribuées aux Anglais et aux Canadiens. Mais l'invraisemblable histoire ne s'arrête pas là. Le 18 août 1942, un jour avant le débarquement sur Dieppe, le même journal propose l'énigme : « Port français », la réponse est

Dieppe… Le directeur n'apportera aucune explication aux enquêteurs du MI5 et sera finalement relâché. Bien plus tard, on apprendra que Léonard Dawe demandait à des écoliers de remplir des grilles vides avec des mots de leur choix. Des écoliers qui, très souvent, jouaient avec les soldats canadiens et américains du camp voisin…

Le 10 mai 1944, nous avons de la visite à Bexhill. L'amiral d'Argenlieu, qui commande les FNFL, Forces navales françaises libres, vient nous inspecter. Nous aurons l'occasion de le revoir un peu plus d'un mois plus tard sur le front, en Normandie. Accompagné de Lord Lovat et du colonel Dawson, il nous passe en revue. Des croix de guerre sont remises à quelques camarades qui se sont illustrés lors de précédents raids au cours de l'hiver. C'est également ce jour-là que nous est officiellement remis l'insigne du 1$^{er}$ bataillon de fusiliers marins commando, créé par Maurice Chauvet.

Durant la deuxième quinzaine de mai 1944, nous recevons l'ordre de consigner tous nos objets personnels dans un sac.

Après un exercice de défense devant Brighton, nous sommes vaccinés les 18 et 19 mai et le 20, nous recevons nos effets neufs. Les entraînements intensifs s'arrêtent. Lord Lovat vient nous rendre visite deux jours plus tard. Comme il sait si bien le faire, il nous gonfle le moral à bloc en nous disant toute sa satisfaction d'avoir des Français avec lui. Et que cette fois, c'est du travail sérieux qui nous attend… La prise d'armes rassemble les 600 hommes du numéro 4 commando. Nous sommes tous impeccablement alignés et équipés. Lors du garde-à-vous, je ne crois pas avoir vu ni entendu un plus beau claquement des mains sur la couture du pantalon que celui-là !

Le 23 mai, ordre est donné au numéro 4 commando de se rassembler le lendemain matin.

À 18 heures, avant le dîner, un nouvel ordre résonne dans les haut-parleurs : rassemblement en tenue de combat avec le matériel. En deux temps trois mouvements, nous sommes réunis, au garde-à-vous, treillis impeccablement repassés, armes et sacs au pied. Mitraillettes Thomson, PIAT (*projector anti tank infantery*), lance-flammes… Chacun a nettoyé et graissé ses armes de dotation. La tension monte. Le grand jour dont tout le monde parle est pour très bientôt. Le 24 mai, à 5 h 30, le colonel Dawson nous passe encore en revue, section par section, devant la gare de Bexhill. Avec son regard bleu perçant, d'un ton ferme, il ordonne : « Rompez les rangs ! »

Sur le mur de la gare, une pancarte est accrochée avec cette inscription : « *Is your travel necessary ?* » (« Est-ce que votre voyage est indispensable ? »). Les civils britanniques sont invités à participer à l'effort de guerre à leur manière et à laisser la place aux soldats dans le train. Pendant que la locomotive siffle, un sergent de l'armée anglaise indique les places réservées à chaque *troop*.

Par la vitre, nous admirons la campagne anglaise défilant dans la brume qui commence à se lever. Mais il n'y a pas que cela, nous apercevons, entre des rangées d'arbres, des files impressionnantes de véhicules. « Cette fois, c'est la bonne », lance un de nos camarades. Dès notre arrivée à Southampton, nous sommes transférés dans des camions bâchés. Le strict minimum est conservé avant notre arrivée dans le camp de Tichfield, au nord de Southampton, il a pour nom le camp C18. Nous apprenons la date du Débarquement avant le général de Gaulle. Dans les derniers jours de mai, on nous demande de ranger les armes nettoyées et graissées. On se doute bien que cela ne va pas tarder. En tout cas qu'une opération importante se prépare. Nous sommes envoyés dans ce camp entouré de barbelés, au secret, dans le sud de l'Angleterre, près de Southampton, où aucune permission n'est accordée. Nous sommes coupés du monde. Nous n'avons même pas le droit de discuter avec les sentinelles ni d'envoyer du courrier personnel. Des haut-parleurs diffusent de la musique américaine et du jazz. Une salle de cinéma projette des westerns. Une vraie ville comme les Américains savent si bien les monter. Il y a même un réfectoire avec un self-service. Certains de mes camarades découvrent le Coca-Cola. Nous posons nos plateaux et les faisons glisser sur un râtelier d'une trentaine de mètres de long. Les cuisiniers remplissent généreusement les assiettes au fur et à mesure que nous avançons. Viande, légumes, soupe, il y a même parfois de la glace en dessert. Il y a intérêt à suivre le mouvement car ça pousse derrière ! Un jour, du rôti de porc à l'ananas nous est servi. Un médecin est présent pour inciter les plus récalcitrants à finir leur assiette, leur expliquant que les menus ont été établis dans les règles de la diététique ! Ses propos sont confirmés par le médecin du commando, le docteur Lion. Mais ce n'est pas tout. Au bout de la chaîne, un type nous explique la marche à suivre pour laver et rincer nos couverts dans de l'eau très chaude stockée dans d'immenses tonneaux. Avant de revenir à leur point de départ, au bout du râtelier, propres et prêts pour les convives suivants ! Nous pouvons aussi prendre une douche chaude à toute heure de la journée. Un sacré changement par rapport au camp d'entraînement en Écosse et aux eaux fraîches des Highlands. Le matin, après le réveil au clairon, une voix diffusée dans les haut-parleurs nous invite à nous rendre au réfectoire pour le petit déjeuner. Les Anglais préfèrent les œufs au plat. Nous nous rabattons sur le café qui ne semble pas être le meilleur des nectars ! Pour nous occuper et surtout pour nous entretenir physiquement, le lieutenant Pinelli, prof de gym de formation, organise des cours de culture physique. Pendant les heures de repos, nous nous allongeons dans l'herbe, profitant du chaud soleil de ce printemps 1944. Déjà soudés pendant le stage commando, nous le sommes encore plus à quelques jours de libérer notre pays. Chacun d'entre nous sait que cette fois-ci, c'est la bonne. Nous réussirons, il n'est pas question de faire demi-tour. Nous sommes gardés par des Américains. Ils ont ordre de tirer sur celui qui se risque à sortir du camp. Mitraillettes en bandoulière, le chargeur engagé dans la culasse, ils ne sont visiblement pas là pour rigoler. Nous non plus d'ailleurs…

Histoire de nous mettre dans l'ambiance, un médecin explique comment faire une piqûre de morphine en urgence. Il demande un volontaire. Personne ne se bouscule vraiment. Il en choisit finalement un au hasard : « *You're coming over there !* » (« Toi là-bas, approche un peu ! »). Le volontaire désigné d'office sort des rangs. Le toubib l'invite à s'allonger par terre. On voit que le soldat, un Anglais, n'en mène pas large. Le médecin ouvre sa trousse à pharmacie et sort une ampoule en plastique avec une aiguille protégée par un capuchon. « Vous n'allez pas me faire une piqûre docteur ? » demande, inquiet, le commando. « T'en fais pas mon vieux, lui répond le toubib, c'est un placebo. Tu ne sentiras rien. » En deux temps trois mouvements, le médecin retrousse la manche du commando anglais, et il nous dit : « Regardez, c'est facile, vous enfoncez l'aiguille dans la veine sans hésiter, vous pressez l'ampoule entre le pouce et l'index, vous n'oubliez pas de retirer l'aiguille, ce n'est pas plus compliqué que cela… » Puisque c'est lui qui le dit ! Il conclut : « Avec la morphine, j'ai vu des blessés mourir avec le sourire. » Ouf, nous voilà rassurés !

Le premier briefing a lieu le 26 mai dans une très grande tente gardée jour et nuit par des hommes de la Military Police. Les cent soixante-dix-sept Français entrent les premiers. Nous sommes debout, sur quatre rangées, face à une grande table d'une dizaine de mètres de long. Une carte en relief d'une ville inconnue est étalée dessus. Dans le fond de la tente sont accrochées des photos aériennes, les plus récentes n'ont que quelques jours, et des cartes d'état-major.

Soudain un ordre claque : « À vos rangs, fixe ! » Le silence est immédiat. Avec le sourire, Lord Lovat fait son entrée. Il nous salue et repart comme il est arrivé. Accompagné par notre chef, le capitaine Philippe Kieffer, le colonel Dawson, patron du numéro 4 commando, arrive à son tour. « Repos messieurs ! » Il nous indique l'endroit où nous allons débarquer à marée basse. Et d'ajouter : « Vous aurez ensuite à parcourir environ 250 mètres jusqu'en haut de la plage. Vous devrez courir le plus vite possible, sous le feu de l'ennemi, en évitant les pièges. À la moindre hésitation, c'est la mort immédiate. Quand vous aurez atteint les ruines de l'ancienne colonie de vacances après avoir franchi le réseau de barbelés, vous déposerez vos sacs en ne gardant que vos munitions de combat. Vous prendrez ensuite à revers les défenses allemandes et le blockhaus construit à l'emplacement de l'ancien casino. » Nous y voilà enfin. Nous connaissons notre objectif. Pas encore sa localisation sur une carte, mais ça ne va pas tarder. Des maquettes en relief montrent les sites à prendre et à neutraliser par le commando. Rivières, maisons, routes… Rien ne manque. Sauf les vrais noms. Ils sont remplacés par des noms de code : Brighton, Newhaven, Bexhill, Singapour… Cet endroit ne me dit rien. Mais je ne vais pas tarder à savoir où je vais débarquer dans quelques jours. La maquette indique un estuaire, avec une ville à proximité. L'objectif attribué au numéro 4 commando a fuité. Certains, comme Pierre Queré, ont reconnu Ouistreham, le canal qui relie Caen à la mer et l'Orne. Avant la guerre, il a fait du cabotage sur la côte normande. Des Havrais mettent également un nom sur les numéros et les noms de code des cartes et des maquettes étudiées avant le grand jour. Ils ont tout de suite reconnu les ports de Trouville, Deauville, Cabourg et Riva Bella. « Eh les gars, on débarque à Ouistreham », lance l'un d'eux. Un Breton, qui connaît la côte normande comme sa poche, met lui aussi un nom sur la plage et l'objectif à prendre : Ouistreham.

Mais ce n'est pas tout. Le second-maître Guy de Montlaur, qui est dans la *troop* 1, se penche vers Paul Chausse et lui glisse à l'oreille : « C'est Ouistreham ! » « T'es sûr ? » lui réplique Paul Chausse. Guy de Montlaur, qui deviendra un artiste-peintre renommé après la guerre, est formel : « Tu parles, j'ai perdu une petite fortune dans ce casino. C'est le genre de chose que l'on n'oublie pas... »

Alexandre Lofi a beau lancer un « chut ! » sans appel, le secret le mieux gardé au monde depuis des semaines risque de s'éventer... Un vent de panique s'empare de l'état-major pendant quelques instants. L'Intelligence Service, les services secrets anglais, sont sur l'affaire. Même le brigadier général Lord Lovat, commandant de la Special Service Brigade, et à laquelle nous sommes rattachés, ne semble pas connaître les noms qui auraient dû figurer sur les cartes. C'est en tout cas ce que nous croyons. Nous apprendrons un peu plus tard que l'officier anglais connaît en fait parfaitement les vrais noms de l'opération planifiée sur le secteur Sword. Philippe Kieffer est convoqué. Il lui est expressément demandé de mettre tout en œuvre pour que ses hommes ne s'épanchent pas. Au risque de faire capoter la plus grande opération militaire amphibie de tous les temps. Sur les cent soixante-dix-sept hommes du commando Kieffer, il y a seize Normands dont onze sont originaires de la région du Havre. Sans oublier ceux qui ont navigué près des côtes de la Manche et qui ont tout de suite reconnu les secteurs camouflés par des codes. « Singapour » est en fait Ouistreham et son casino. Tout du moins ce qu'il en reste après que les maçons de l'organisation Todt l'ont arrangé à leur manière… Montlaur ajoute avec humour : « C'est un grand plaisir d'y retourner, j'ai perdu beaucoup d'argent dans cette ville… »

Une chose est sûre, nous sommes extrêmement motivés. Nous n'aurions donné notre place à personne d'autre. On rentre chez nous, dans notre pays que nous n'avons pas revu depuis quatre longues années. Les Anglais aussi en ont marre de cette guerre et veulent que cela s'arrête. Un des objectifs de la *troop* 8, où je suis incorporé, est de prendre les batteries et les écluses du port de Ouistreham. Dawson conclut son briefing en précisant que la prise de Ouistreham doit être réglée en quelques heures. Nous devrons ensuite retourner à l'ancienne colonie de vacances, récupérer nos sacs et marcher vers l'est pour faire la jonction avec les paras de la 6e Airborne à Bénouville. Le colonel Dawson nous explique que les hommes au béret pourpre tiendront les ponts-bascules de Bénouville qui enjambe le canal et celui de Ranville qui permet de franchir l'Orne. Il précise : « Pas question de reculer… » Il faut dire que ce n'est pas vraiment le genre de la maison. Des souvenirs reviennent aux anciens, notamment ceux qui ont vécu l'opération de Dieppe en août 1942. Ils sont une quinzaine. Cette fois-ci, ils ne rembarqueront pas.

Le camp entouré d'un *no man's land* de 20 mètres est très bien gardé. Nous ne pouvons plus sortir. Nous ne pouvons pas faire partir de courrier personnel et nous n'en recevons pas. Même Philippe Kieffer ne peut plus expédier des courriers, y compris administratifs, à l'état-major des Forces navales françaises à Londres. Des rumeurs circulent. Des « *fake news* », dirait-on de nos jours. Un bruit court selon lequel la guerre serait finie et que nous allons sortir bientôt ! L'espoir fait vivre ! Un autre nous apprend qu'Adolf Hitler est mort !

Nous sommes réunis deux fois par jour en conférence, sous des tentes où nous sont présentées nos missions dans le détail, par compagnie, par section et par groupe de combat. Les plans, les cartes et les photographies que l'on nous présente n'ont plus de secret pour nous à force de les étudier. Avec nos chefs de section respectifs, nous avons maintes fois répété et étudié nos objectifs.

Singapour, *alias* Ouistreham, n'a plus de secret pour nous. Nous étudions le terrain mètre par mètre. Chacun sait ce qu'il a à faire. À condition d'arriver en vie en haut de la plage… Arriver en vie… Quand nous n'étudions pas notre objectif, nous nettoyons et graissons nos armes. Chacun reçoit son lot de rations et de munitions. Ainsi qu'une trousse de secours… Les grenades à main ne seront amorcées qu'avant le grand départ. Nous sommes consignés mais ce n'est pas le bagne pour autant.

Nous jouons au football, au cricket, nous pouvons même aller dans des cantines tenues par du personnel féminin de la Naval Academy Air Force Institute (NAAFI).

Le 2 juin, nous sommes passés en revue par le major Laycock qui a remplacé Lord Mounbatten à la tête des opérations combinées. Nous recevons aussi la somme de 250 francs, avec le drapeau français. La tension monte dans nos rangs. Cela n'a jamais senti aussi bon la France.

Lord Lovat nous demande expressément de garder secret notre objectif lors de la réunion du dimanche soir, avant notre départ prévu pour le lendemain. Sauf que le temps exécrable qui règne sur la Manche retarde le grand départ de vingt-quatre heures. Eisenhower, tiraillé entre le j'y vais, j'y vais pas, prendra finalement la décision de reporter d'une journée les opérations Neptune et Overlord. Des navires de la grande armada, partis en premier, feront d'ailleurs demi-tour pour rejoindre la zone d'attente qui porte le nom de code « Piccadilly », au sud des côtes anglaises. Petite anecdote : au moment où une partie du convoi fait demi-tour, à 6 heures du matin, Radio-Paris prend l'antenne et diffuse une chanson intitulée : *Cap t'est pas cap de revenir…*

Le 4 juin, dans la matinée, un office religieux est organisé pour ceux qui le souhaitent. Un peu plus tard, Lord Lovat nous réunit pour un ultime briefing. Le dix-septième baron Lovat, vingt-cinquième chef du clan Fraser, est issu de la noblesse écossaise. Devant les quatre régiments commandos assis dans l'herbe, réunis en demi-cercle, avec son pantalon de velours côtelé couleur kaki, son gilet sans manches sur un pull blanc à col roulé, il nous galvanise par son discours : « Demain vous serez le fer de lance du corps expéditionnaire britannique. La tâche qui vous incombe est immense. Je sais que vous être prêts et que vous ne pouvez pas échouer. Vous aurez l'avantage de l'initiative sur un ennemi peureusement retranché. Le succès de l'opération dépendra de la rapidité de vos mouvements. Nous ne pouvons pas manquer ce rendez-vous avec des hommes de votre trempe. Je vous demande un exploit. Je sais que vous l'accomplirez. On parlera de vous dans les livres d'histoire. » Le général Lovat s'arrête un court instant avant de reprendre sur le ton de l'humour : « Si vous voulez revoir l'Angleterre, il faudra vous magner le train ! » Puis il s'adresse plus particulièrement à nous, membres du commando Kieffer. Dans un français parfait, il dit : « Vous allez être les premiers soldats français à casser la gueule aux Boches en France, même. Vous allez nous montrer ce que vous savez faire. Messieurs, demain, on les aura ! » Nous sommes très émus en entendant cette phrase qui ne peut que nous motiver et nous galvaniser. Nous sommes prêts et déterminés à enfin en découdre avec l'ennemi et à rendre sa dignité à notre pays.

Nous venons de toutes les couches sociales et d'horizons divers. Un comte, un fils d'industriel, des fils d'ouvriers, comme moi. Mais nous avons tous le regard tourné vers la même direction : rendre son honneur et sa liberté à notre patrie. Nous avons même un repris de justice. Un jour, il arrive les menottes aux poignets. Il vient de la prison de Dundee. Il a l'ait d'un dur mais le commandant Kieffer, qui le jauge d'un coup d'œil, ne veut pas de lui. Tout du moins pas tout de suite : « Trop faible pour faire un commando, à renvoyer dans son unité. » Autrement dit en prison. Lisant le désespoir dans les yeux de ce volontaire, Philippe Kieffer se ravise et accepte finalement sa candidature. La suite des événements lui donnera raison, cet homme est devenu au fil du temps un des meilleurs éléments du commando. Il ne s'épanche pas sur son passé, se contentant de glisser : « Le commandant Kieffer m'a donné une chance… » Nous n'insistons pas, c'est la règle d'or chez les commandos : si tu ne veux pas parler, ça te regarde…

Ce dimanche 4 juin, nous acclamons Lord Lovat à la fin de son discours. Ses paroles nous ont électrisés. Le son de la cornemuse de Bill Millin, *piper* officiel de Lord Lovat, nous accompagne pendant que nous rejoignons nos quartiers. Preuve que le départ est imminent : sous les ordres d'un officier cartographe de l'armée anglaise, les cartes et les photos que nous avons étudiées sont ramassées et finissent dans un feu de joie. Un travail colossal part ainsi en fumée. Une diffusion par haut-parleur indique aux Français qu'il reste en caisse de l'argent de leur pays et qu'ils peuvent recevoir un supplément. Mais très peu d'entre nous répondent à l'aimable invitation. Peut-être pas peur de se charger inutilement avant le grand départ… Un dernier repas est servi au self. Des gardes américains, taillés comme des armoires à glace, s'assurent que les plateaux sont bien vides avant de les nettoyer. Une lubie diététique chez nos amis américains ? À en croire certains, la nourriture aurait été mélangée avec des produits destinés à bloquer nos fonctions naturelles pendant deux ou trois jours… Je n'ai jamais pu confirmer ou infirmer cette hypothèse. De mon côté, l'effet qui aurait pu être escompté ne marche pas. Sans parler de ceux qui rendent leur repas par-dessus bord pendant la traversée de la Manche ! Pilule bloquante ou pas, quand le mal de mer vous tient, à part attendre que ça passe, il n'y a pas grand-chose à faire.

# 5

# Après la traversée, l'approche de la côte

Le 4 juin, en milieu d'après-midi, un ordre est donné par haut-parleur : « Rassemblement près des camions dans trente minutes. » Nous devons nous réunir par *troop* avec nos sacs de plus de 30 kilos. À l'intérieur sont entassés des vêtements de rechange, un nécessaire à couture, du cirage, des vivres aussi... Et dessus une pelle-pioche portative. Il est 17 heures, le vent fraîchit et il pleut. Plusieurs dizaines de véhicules militaires nous attendent devant le camp, moteurs en route. Cela tourne carrément à la tempête. L'attente commence à être longue. À 18 heures, l'ordre que nous redoutons tous tombe : demi-tour, retour dans les baraquements. L'embarquement est repoussé d'une journée à cause de la tempête qui balaie la Manche. Le soir, un film est projeté, avec Ginger Rogers et Fred Astaire. Comme tous les soirs, l'extinction des feux a lieu à 23 heures. Nous avons du mal à trouver le sommeil.

Le lendemain, le 5 juin, nous quittons enfin le camp à midi. Cette fois, c'est sûr, c'est le grand départ. Eisenhower a lancé une phrase courte mais lourde de sens : « *Let's go* » (« Allons-y »). D'autant plus que, même si la météo n'est pas au beau fixe, la tempête s'est calmée. Deux millions d'hommes sont parqués dans le sud de l'Angleterre. Les routes, étroites en temps normal dans cette partie du Hampshire, le sont encore plus avec l'impressionnante circulation de véhicules de toutes sortes. Mais les Anglais ont le sens de l'organisation et on circule à peu près sans embouteillage. Le port de Warsah est en vue. C'est ici que nous allons embarquer. Ayant pas mal navigué, je sais néanmoins qu'il va rester une houle résiduelle qui risque de rendre patraques quelques-uns de mes camarades. Mais j'évite de leur en parler.

Depuis le ponton, nous voyons approcher deux barges immatriculées 527 et 523. Alexandre Lofi lance : « Les gars, je crois que c'est pour nous ! » Les deux barges manœuvrent et accostent pour nous permettre d'embarquer. Je prends place à bord de la 523. Ces deux barges appartiennent à la plus petite des catégories d'embarcations susceptibles de traverser la Manche avec du personnel. Elles sont équipées d'un blindage capable de résister à des tirs d'armes automatiques. Nos camarades des commandos anglais prennent place à bord d'un navire beaucoup plus imposant, le *Princess Astrid*. Nous nous interpellons d'un bord à l'autre, nous nous saluons en agitant les bras. Malgré une atmosphère bon enfant, nous savons tous que nous n'allons pas assister à un départ de régate ni à une fête de la mer. Avant que nous posions notre sac sur la barge, un homme de la Navy nous demande : « *Embarcation tags, please*... » Nous devons lui tendre le haut de la carte qui nous a été remise avant notre départ du camp. Nous conservons le bas de la carte, appelé *disembarcation tag*, pour notre rapatriement si l'on est blessé. Ou tué... Nous devons également donner le nom d'une personne à prévenir en cas de coup dur. Les Anglais n'ont rien laissé au hasard.

Des petits malins répondent au type chargé de ramasser les tickets d'embarquement : « *No return ticket, please*... » (« Pas de billet retour s'il vous plaît... »)

Outre mes papiers militaires, mon « P-Book », j'ai emporté une lettre que j'ai reçue de mes parents. Cette lettre m'est précieuse d'autant plus qu'elle vient de loin. Je l'ai soigneusement pliée en deux et enveloppée pour éviter qu'elle soit mouillée. C'était pendant l'été 1940, à Londres, alors que je n'avais pas encore 18 ans, j'avais rencontré une jeune fille qui s'appelait Madeleine Gagnio. Sa mère était française et son père, italien. Pour donner des nouvelles à mes parents, quand j'étais parti en Afrique et au Moyen-Orient, Madeleine avait déposé la lettre que je lui avais confiée à un bureau de la Croix-Rouge à Londres. La lettre était partie, passée par Genève, par l'Allemagne avant d'arriver finalement chez mes parents, route de Lorient, à Rennes. Ils ont répondu tout de suite, ma mère Denise a écrit dans un style télégraphique en parlant de ma sœur qui s'appelait aussi Denise. La lettre a été postée le 14 mai 1943. « Très heureux reçu nouvelles. Toutes familles bonne santé. Denise mariée et petite fille 3 mois. Attendons d'autres nouvelles si possible. Embrassons tous très affectueusement. Denise »

La lettre a été déposée à la Croix-Rouge qui s'est chargée de la réexpédier. Elle a fait le chemin inverse. Mettant encore plus de temps qu'à l'aller. Pratiquement un an. Elle est arrivée sur le bureau du commandant qui me l'a donnée peu de temps avant le Débarquement. C'est la seule lettre que j'ai reçue. Nous n'étions pas nombreux à recevoir du courrier dans le commando. Cette lettre était le seul lien concret avec ma famille.

Dans ce lieu-dit situé sur la rivière de Southampton c'est l'effervescence. La phono du bord joue même des airs français en notre honneur. Soudain, à la radio, nous entendons le *jingle* caractéristique de l'émission de la BBC, « Les Français parlent aux Français » : « C'est Pierre Bourdan qui vous parle. Aujourd'hui Rome est tombée, mais nous Français, c'est à Paris que nous pensons… » Depuis notre barge, prête à appareiller pour traverser la Manche, nous pensons nous aussi à la Normandie que nous allons libérer dans quelques heures. Les amarres ne sont pas larguées tout de suite. Il faut attendre 22 heures pour qu'enfin commence ce qui s'annonce comme notre nuit la plus courte avant le jour le plus long. Les barges 527 et 523 font route vers Portsmouth et le Solent puis entrent dans la passe de Cowes. « Le rideau vient d'être levé sur la plus grande épopée de l'histoire. Une scène gigantesque et grave, un décor d'une puissance grandiose », dira plus tard notre pacha, Philippe Kieffer, sans exagération. Nous disons au revoir à l'Angleterre. Un adieu pour quelques-uns de mes camarades qui ne reverront pas ce pays qui les a accueillis pendant quatre ans pour certains. Comme moi qui suis arrivé ici en juin 1940. Après avoir viré devant Portsmouth, nous nous mettons en formation, escortés par des navires de guerre. Le HMS *Princess Astrid*, où a pris place le reste du numéro 4 commando, roule d'un bord sur l'autre. Les hommes seront débarqués sur la plage avec des LCA qui viendront se mettre à couple afin de procéder à l'embarquement. Même si nous sommes secoués dans nos barges, nous sommes dans des embarcations qui nous emmènent directement sur la plage, nous évitant ainsi une périlleuse manœuvre, de nuit, avec une mer formée, avec armes et bagages. Des camarades préfèrent le grand air du large, même s'il est balayé par un mauvais vent de sud-ouest, que de rester à l'intérieur de la barge. Ils s'accrochent tant bien que mal au bastingage pour ne pas perdre l'équilibre. D'autres, l'estomac retourné, ont le visage dans le sac huilé qui leur a été donné avant l'embarquement. Je me mets à l'abri du vent pour lire le message de Montgomery. Le commandant en chef du 21e groupe d'armées nous souhaite « bonne chance et bonne chasse sur les terres d'Europe[1] ». Dans la soirée, les pochettes d'ordre peuvent être ouvertes. Nous savons enfin officiellement où aura lieu ce débarquement que nous attendons tous, des plans de Ouistreham sont remis à nos chefs de section. Avec cette fois les vrais noms des objectifs à

1. Lire en annexe.

conquérir. Les rues sont même indiquées. Appelé « Int. Sec I.S.S. 4 com », ce plan a été tracé par le sergent Sellars et le sapeur Brian Mullen. Ce dernier sera tué dans l'après-midi du 6 juin alors qu'il porte secours à un de ses camarades blessé à Pegasus Bridge. Malgré les photos aériennes et les informations fournies par la Résistance, dès le début de la guerre, il avait été demandé aux Anglais, *via* des communiqués publiés dans les journaux, de donner aux autorités tout ce qui concernait la France comme des cartes routières, des cartes postales et même des photos de vacances. Il paraît même qu'un détail important sur les sables de la baie de Seine a été trouvé dans une revue archéologique publiée en 1898 et apporté par un couple anglais.

Pour l'heure, on a l'impression que toutes les marines du monde se sont donné rendez-vous ici, au sud de l'Angleterre. Il y a des navires de toutes les tailles. Les plus petits navires sont ballottés par le clapot. Il y en a des récents, comme s'ils venaient tout juste de sortir du chantier. Des plus vieux, aussi, presque des antiquités, craquant de la coque au pont, comme l'écrira plus tard Aznavour dans sa magnifique chanson *Emmenez-moi*... Le rideau se lève sur ce qui va devenir la plus grande opération militaire amphibie de l'histoire, en même temps que le soleil se couche derrière l'île de Wight.

Mais l'heure n'est pas à la poésie. Nous sommes concentrés sur la tâche que nous avons à remplir demain. Après avoir débarqué, emprunté la route parallèle à la plage, le long de la voie ferrée, puis la route de Lion, la *troop* 1 devra s'emparer du blockhaus construit à la place du casino. Pour nous, la *troop* 8, placée sous les ordres d'Alexandre Lofi, nous devrons progresser parallèlement à la côte et nettoyer tous les ouvrages fortifiés que nous rencontrerons sur notre chemin. Nous devrons ensuite faire la jonction avec les parachutistes anglais, largués, à l'est de l'Orne à l'instant même où nous commençons notre traversée de la Manche. Mais avant cela, il nous faut débarquer et foncer droit devant nous avec nos armes individuelles et nos sacs d'une trentaine de kilos avec des vivres pour cinq jours et des munitions que nous devrons déposer dans les ruines de l'ancienne colonie de vacances. Nous devrons ensuite les récupérer après avoir rempli les missions qui nous ont été attribuées. Le vent fraîchit et la mer moutonne, beaucoup de mes camarades sont plus ou moins malades. Quelques-uns ont déposé leurs armes au pied de leur hamac, un fusil Springfield ou une mitraillette Thomson, leurs imposants sacs ainsi que les grenades défensives, incendiaires et offensives. Le capot de pont refermé, le plafond très bas diffuse une lumière blafarde. L'odeur dans le fond de la cale où nous sommes rassemblés est insoutenable pour certains, leur estomac retourné par le méchant clapot de la Manche. Heureusement, comme j'avais pas mal bourlingué, sur le *Courbet*, puis sur le *Gallois*, sans parler de mon long tour de l'Afrique en revenant de Beyrouth, j'ai la chance de ne pas avoir le mal de mer. Je suis amariné. Plus tard, un commando anglais me confiera, tellement il était terrassé par une méchante nausée, qu'il n'avait qu'une seule envie, quitter cette fichue barge de débarquement. Même avec le comité d'accueil des Allemands postés dans leurs blockhaus. Mais nous sommes tous extrêmement motivés et aussi très fiers de faire partie des premières troupes à toucher le sol de France pour cette journée historique. Et de le libérer enfin du joug de l'envahisseur. Quand on voit l'immense armada en route vers les côtes de France, vous savez que rien ne pourra l'arrêter, nous savons que nous allons gagner. De toute façon nous nous disions que si ça ne réussissait pas on ne rentrerait pas, on se battrait jusqu'au bout.

Les deux barges emmenant les commandos français sont à l'extrémité gauche du dispositif pour débarquer sur Sword, le secteur le plus à l'est du débarquement. Elles ne sont pas à l'abri d'attaques d'unités rapides de la marine allemande, stationnées au Havre, capable de fondre sur leur proie, de les toucher et de repartir. En témoigne ce navire norvégien que nos barges 527 et 523 doublent. Le bateau, sans doute touché par une mine ou une torpille, est coupé en deux. Cela me rappelle des mauvais souvenirs, les attaques des sous-marins allemands dans l'Atlantique nord quand j'étais sur le *Gallois*. Avec une fois encore cette terrible image, celle des marins dans l'eau, blessés, attendant les secours, qui ne viendront peut-être pas, sur des bouées ou des engins de sauvetage de fortune. Outre le mal de mer, beaucoup de commandos français peinent à trouver le sommeil. Certains préfèrent s'allonger sur le pont – tant pis pour la pluie, le vent et les embruns – plutôt que d'être entassés au fond de la cale. D'autres sont légitimement anxieux. Et puis il y a ceux qui ne veulent pas perdre une miette de l'incroyable spectacle de l'armada, forte de cinq mille navires, du plus grand au plus petit, le compas calé sur 180 degrés. Route au sud, vers la conquête de la liberté. À 4 h 30, la sonnerie résonne dans la barge. Branle-bas, selon la formule employée dans la marine. Un type de la Navy ouvre le capot et lance : « C'est l'heure… » Un café nous est servi. Il nous paraît bon. On nous propose aussi une soupe autochauffante, un potage à base de tortue paraît-il. Mais cela ne me plaît pas plus que ça. Peut-être aussi parce que j'ai la tête ailleurs. Leur fichue soupe finit par-dessus bord. Des poissons l'ont peut-être appréciée… En tout cas, en ce qui me concerne, je vais débarquer à jeun… Trente minutes plus tard, les marins chargés du pilotage des barges ralentissent. Le silence n'est que de courte durée. Pendant deux heures, les bombardiers entrent à leur tour en action pour pilonner avec plus ou moins de réussite les défenses allemandes. Je ne pense pas qu'un seul d'entre nous a eu peur à ce moment-là. Même si nous avons parfaitement conscience du danger. Nous sommes tellement bien entraînés. Unis aussi, comme le proverbe des commandos : *United we conquer* (« Unis nous conquérons »).

« Soudain, le coup de baguette d'un chef d'orchestre de l'apocalypse déchaîne le vacarme. C'est effroyable, tout ce qui peut tirer vomit sa charge de mitraille. Assez loin sur notre arrière, les tourelles de 16 pouces du *Warspite* et du *Nelson* tirent sans discontinuer. Leurs monstrueux obus passent au-dessus de nos têtes avec le bruit d'un train de marchandises[1]... », a magnifiquement écrit René Goujon, *troop* 1 sous les ordres du lieutenant Guy Vourch.

Un camarade, qui assiste au bombardement sur la côte, présent à côté de moi, dit : « T'as vu Léon, qu'est-ce qu'ils prennent ! » En fait pas tant que ça. On va s'en rendre compte dans quelques heures...

Après le déluge de fer et de feu déversé sur la côte, les barges reprennent leur route pleins gaz, l'étrave tapant dans le clapot. J'aperçois Philippe Kieffer, sur le pont de la 527, encourager mes camarades. Quelques heures plus tôt, il a récité une prière, celle de J. Astley avant la bataille de Newbury : « Seigneur, je serai très pris ce jour. Je peux vous oublier, mais vous, ne m'oubliez pas... » On le verra plus tard, Philippe Kieffer n'a pas été oublié !

Nous sommes cent soixante-dix-sept Français, anonymes, réunis sur ces deux navires à fond plat, prêts à libérer leur pays. Je repense à cet amiral venu nous rendre visite voici quelques semaines. Certain qu'il ne serait pas sur ce navire soumis aux caprices des flots agités de la baie de Seine en attendant le comité d'accueil allemand, il nous exhorte à nous munir « d'une sainte colère, le jour où vous me rendrez jaloux en ayant l'immense bonheur de fouler le sol de France, en tête des peuples libérateurs ». Une voix anonyme lance, du fond de la salle : « Il y aura de la place dans la barge... » Il n'est pas là, dans cette péniche de débarquement au lever du jour le plus long...

1. René Goujon, *Le Jour J au commando numéro 4. Les Français du Débarquement*, Paris, Nouvelles Éditions latines, 2004.

Les plus gros navires qui ont pour mission de débarquer les troupes, dont le *Princess Astrid*, stoppent à 11 kilomètres de la côte afin que les hommes du numéro 4 commando, sous les ordres du colonel Dawson, prennent place à bord des quatorze barges qui vont les conduire sur la plage. Elles font route quasiment bord à bord avec les deux qui nous transportent. À 6 h 45, il fait de plus en plus jour. Des trouées dans les nuages de fumée permettent enfin d'apercevoir la côte. Au-dessus de beaucoup de navires, de gros ballons gris antiaériens donnent un étrange spectacle. Enfin, la France est là, devant nous. Un sentiment indescriptible nous envahit. L'ordre est enfin donné : tenue de combat. Mais à quelques encâblures du rivage, le colonel Dawson lève le bras. Il demande aux pilotes anglais de réduire les gaz et de laisser passer les Français. Afin que nous ayons l'honneur d'être les premiers à fouler le sol de notre patrie. Un moment tant attendu pour tous.

Un silence règne à bord des barges de débarquement. Chaque homme est concentré sur la mission qu'il doit accomplir. Nous savons tous que la prise de Ouistreham ne sera pas une promenade de santé. La veille, avant de partir, Kieffer nous a réunis et nous a prévenus que nous allons avoir des pertes, beaucoup de pertes. « Il n'y a peut-être pas dix pour cent d'entre vous qui vont rentrer intacts... » Il nous dit qu'il ne retient personne et qu'il n'en voudrait pas à ceux qui renonceraient. Aucun de mes camarades n'est sorti des rangs. Le lendemain, nous sommes tous présents à l'appel. La plupart des commandos français sont recroquevillés à bord des deux barges encerclés par des gerbes d'eau provoquées par les obus envoyés par les défenses allemandes. Malgré cela les marins anglais restent stoïques, les commandants des barges ont les yeux rivés sur leurs jumelles. Chacun attend l'ordre de débarquer. Nous coiffons nos bérets verts durement acquis à Achnaccary, tout simplement parce que le casque de l'armée anglaise dont nous sommes dotés nous gêne. Il frotte sur le sac que nous avons dans le dos. Nous rejoignons le pont après avoir pris nos lourds et imposants sacs.

À 7 h 23 très précisément, une secousse se fait ressentir. La France, enfin ! La barge où je me trouve touche le sable. Malgré l'extrême tension qui règne à cet instant, j'ai le temps de remarquer que l'eau est très noire quand nous arrivons sur la plage. Les obus allemands tombent autour de la barge. Nous sommes aussi accueillis par les balles traçantes des mitrailleuses allemandes. Nous nous protégeons comme nous pouvons. Soudain, le rideau de fumée se déchire légèrement. Nous apercevons les défenses allemandes dont on nous a tant parlé pendant les briefings précédant le Débarquement. Des poteaux, des chevaux de frise, sont là, juste devant nous. Soudain, avec des remous mélangés de sable et d'eau de mer, le moteur bat en arrière. Notre barge est intacte sur la plage, ce qui n'est pas le cas de la 527. Un obus de 88 millimètres lui déchire le flanc, blessant mortellement plusieurs hommes. Notre deuxième passerelle est sur le point de tomber à l'eau, heureusement, André Bagot a juste le temps de la remonter et de l'amarrer avec une ficelle. Un « bout », dit-on dans la marine.

Le commandant de la barge 523, malgré une situation pour le moins compliquée, va prendre une initiative courageuse : après avoir fait descendre tous les hommes de sa barge, dont moi, l'enseigne de vaisseau Jack Berry décide de rester à bord et place son embarcation contre celle qui est touchée, permettant ainsi de prendre à son bord le reste des commandos français qui n'ont pas encore débarqué. Il peut ainsi effectuer deux rotations, trois quarts d'heure avant l'arrivée des deuxièmes vagues de commandos.

Ouistreham, « Sword Area », est divisé en deux secteurs, Queen et Roger, divisés, comme pour les Américains à Omaha, en sous-secteurs : *green*, *white* et *red* (vert, blanc et rouge). Nous n'avons pas le droit d'avoir peur. Cependant une question s'immisce au fond de moi : vais-je m'en sortir vivant ?

# 6

# La prise de Ouistreham

Après avoir pataugé dans l'eau jusqu'à la taille, l'arme tendue à bout de bras au-dessus de la tête, parmi des débris flottant entre deux eaux, mon groupe, celui d'Alexandre Lofi, est enfin sur le sable devant Colleville-sur-Orne. Avec Alex, nous nous faisons mutuellement confiance. Je le connais depuis quatre ans. Comme moi, il fait partie des Français libres de la première heure.

Sur la plage de Colleville-Montgommery, il sort le premier de la barge. Je suis juste derrière lui. Il me dit : « Ne me lâche pas Léon.... » Ma mitraillette, une Thomson, elle non plus je ne la lâche pas. Cette arme est surnommée la « Tommy Gun ». Elle est fiable et précise. Ça pète. Je règle ma Thomson pour qu'elle tire au coup par coup. Tac tac tac... Si elle reste en mode automatique, le chargeur se vide en une fraction de seconde. Et il peut s'en passer, des choses, en une fraction de seconde. Par exemple une mauvaise balle ou un éclat d'obus qui va vous faire avaler votre extrait de naissance en très peu de temps. La cadence de tir de la Thomson est de sept cents coups à la minute. Avec un chargeur de vingt ou trente cartouches, pas besoin d'avoir fait Polytechnique pour deviner que ça va très vite pour le vider… Je ne regarde pas derrière moi. On court le plus vite possible. Plus on avance devant les blockhaus, plus le champ de tir se rétrécit depuis la meurtrière. Nous nous mettons parfois à l'abri en plongeant dans un trou d'obus en forme de cratère. En respectant systématiquement ce qu'Alexandre Lofi nous a appris à l'entraînement : « Quand vous plongez dans un trou de bombe ou d'obus, ne remontez jamais par l'endroit où vous êtes arrivé. Rampez deux mètres à droite, deux mètres à gauche et remontez plus loin. Car les Allemands vous attendent à la sortie…. » Ça n'a pas trop mal marché, car quand nous avons été confrontés à ce genre de situation, nous n'avons eu qu'un seul blessé.

André Bagot et Paul Chausse suivent, tout près de nous, avec la première section, puis la deuxième. Je suis dans celle commandée par André Bagot. Mais comme il faut s'y attendre, nous sommes pris en enfilade par les MG 42 allemandes de la 716e division. Nous savons que l'estuaire de l'Orne est défendu par cette unité d'infanterie allemande commandée par le général Richter. Près de huit mille hommes sont postés d'Asnelles, dans le Bessin, à l'estuaire de la Dives. Avec les bombardements et les obus de marine qu'ils ramassent depuis plusieurs heures, il ne fait pas l'ombre d'un doute qu'ils sont au niveau d'alerte maximum et qu'ils nous attendent. Les tirs proviennent d'un blockhaus situé sur la gauche. Et ils font du dégât… Les Allemands ajustent leurs tirs. D'où l'intérêt de ne pas moisir ici sous le feu de l'ennemi. Les commandos Rousseau, Casalonga, Flesh, Piaugé et Reiffers sont touchés. Dumenoir est étendu sur le sable, gravement blessé au ventre, il sera un des premiers commandos français à mourir sur le sol de France. A-t-il eu une fatale intuition ? La veille, avant de prendre place dans la barge, il a confié sa chevalière à Pinelli, le prof de gym, en lui disant : « S'il m'arrive quelque chose, envoie-la à ma famille après ma mort. » Pinelli sera d'ailleurs blessé avec Vourc'h. Ce dernier est gravement atteint au dos et au bras. Il a à peine foulé la plage qu'il doit déjà la quitter pour être évacué vers un hôpital militaire. Jean Mazéas prend le commandement de la *troop* 1. Philippe Kieffer est lui aussi blessé. Un éclat d'obus l'a touché à la cuisse. Il attend les secours, notamment l'infirmier du commando, Gwenn-Aël Bolloré. Il avait 16 ans quand il a quitté sa Bretagne natale avec des amis, à bord d'un navire nommé *S'ils te mordent*, ça ne s'invente pas, pour rejoindre les Français libres. Bolloré a vendu son cheval pour acheter le bateau, un cotre d'à peine 6 mètres de long. Arthur Rimbaud disait : « Je vais acheter un cheval et m'en aller… » Bolloré a fait le contraire, il a vendu le sien pour partir en Angleterre. Le 6 juin, il a débarqué avec un nom d'emprunt, Bollinger. J'ai aussi en mémoire de belles retrouvailles organisées après la guerre, chez lui, en Bretagne avec ses frères d'armes de la bataille de

Normandie. Toujours est-il que Bolloré est au chevet du pacha. D'un coup de ciseaux, il ouvre le pantalon du *battle-dress* de Philippe Kieffer et constate qu'il a un morceau de métal planté dans la cuisse. Un pansement, une piqûre de morphine, et le commandant Kieffer repart courageusement au combat.

S'il y a un camarade blessé à côté de vous, ce n'est pas votre problème. Nous étions formés pour cette éventualité. Il y a le service médical pour cela. On nous l'a répété plusieurs fois. Les blessés n'ont pas le droit de remonter tout seuls dans la barge. La consigne était claire. Nous avons aussi bénéficié d'un coup de chance : nous avons débarqué, au mètre près, à l'endroit prévu. Ce qui n'était pas évident avec le clapot qu'il y avait ce matin-là en baie de Seine. Mais sous la mitraille, c'est un exploit. Avant de toucher le sable, nous nous sommes tous posé la question : « Débarquons-nous au bon endroit ? » En apercevant les ruines de l'ancienne colonie de vacances, droit devant nous, nous sommes rassurés au moins sur ce point… Des marins hors pair sont à la barre de nos barges de débarquement. Il faut leur rendre aussi hommage. Sans eux… Si nous avions débarqué à trois cents mètres à gauche ou à droite, nous aurions eu des défenses allemandes renforcées juste devant nous. Nous n'avons qu'un objectif : rejoindre le haut de la plage le plus vite possible. Un type qui s'arrête, c'est une cible idéale, en tout cas plus facile à toucher qu'une cible en mouvement. Kieffer a insisté avant le départ : « Courez le plus vite possible vers la sortie de plage, quoi qu'il se passe autour de vous. »

Les commandos sont rassemblés devant les barbelés qui barrent l'accès aux ruines de la colonie de vacances. C'est ici que nous devons déposer nos sacs que nous reprendrons après avoir neutralisé les défenses allemandes. Alexandre Lofi donne l'ordre à Marc Thubé de sortir les cisailles pour couper les barbelés afin de créer un accès où nous allons nous engouffrer. Thubé, cousin de Bolloré, avec qui il a rejoint l'Angleterre, est surnommé « Clic-clac ». Avec ses pinces coupantes, il n'a pas son pareil pour ouvrir une brèche dans la ferraille. Autant dire qu'en ces premières heures du 6 juin 1944, nous apprécions ses compétences !

La brèche est ouverte. Vers 8 heures, en ce tout début de matinée, les pertes françaises sont importantes. Trois tués et vingt-six blessés, dont tous les officiers de la *troop* 1. Les Allemands ne s'attendent pas à ce que l'on débarque à marée basse. Nous avons certes plus de distance à parcourir pour arriver en haut de la plage, mais à marée basse, les défenses que Rommel a fait mettre en place pour nous empêcher de débarquer sont bien visibles. Les fameuses « asperges de Rommel », par exemple, sont découvertes. Il y a aussi d'autres pièges tels que les hérissons tchèques sur lesquels sont fixées des mines Teller qui explosent à votre hauteur !

Mes camarades de la *troop* 8 et moi, nous parvenons très vite en haut de la plage. Sur notre droite, sept tanks devaient faire sauter les mines avec des fléaux. Mais les blindés anglais ont été touchés, donc sont hors d'état de mener leur mission à bien. Nous avons pourtant traversé le champ de mines sans problème.

Nous avons eu beaucoup de chance ce jour-là. Elles n'ont pas explosé. Le débarquement avait été repoussé d'une journée à cause de la tempête qui avait balayé la Manche. Et cette tempête a mis une couche de sable sur les mines… Rétrospectivement, je me dis qu'il valait mieux être secoué ou avoir le mal de mer. La tempête de début juin a sans doute eu un effet salvateur… Puis nous tombons sur un panneau écrit en allemand : « *Achtung minen* » (« Attention, mines »). André Bagot lance à un démineur déjà à pied d'oeuvre : « Il n'y en a pas… » Je revois encore le regard noir du démineur anglais répliquer à André, en montrant un tas de mines entassées dans un coin : « *And this is what ?* » (« Et ça, c'est quoi ? »). André se dit que l'on s'en sort plutôt bien sur ce coup-là…

Après avoir déposé nos équipements dans l'ancienne colonie de vacances, nous devons prendre les blockhaus, un par un. Nous allons attaquer à revers les ouvrages fortifiés qui menacent les troupes qui débarquent après nous. Une quinzaine, sur 1,8 kilomètre. Les blockhaus, c'est très dur à prendre. On commence avec des fumigènes, puis on balance des grenades. Et là, délogés à coups d'armes automatiques, les Allemands se rendent ! Tout du moins ceux qui le veulent bien… Le colonel Robert Dawson, blessé à la tête et au bras gauche, avec ses pansements et enroulé dans un plaid, continue de nous encourager, allant d'une *troop* à l'autre, avec sa mèche blonde ensanglantée. Il nous lance : « Vous avez fait un bon travail ! » Nos mitrailleuses se mettent en action, couvrant celles de l'ennemi. « Une chanson douce à nos cœurs », dit avec humour un de mes camarades dont j'ai oublié le nom. Sur la plage, le bilan est terrible. L'East Yorkshire Regiment paie un lourd tribut. Les sapeurs qui débarquent cinq minutes avant nous doivent ouvrir une brèche pour la deuxième vague d'assaut. Ils sont cloués au sol sous les obus de 88 millimètres allemands. Ce régiment va perdre deux cents hommes en cinq minutes.

Nous visitons le château situé près de la plage et nous ne trouvons aucun nid de résistance. Beaucoup d'Allemands sont en fuite. Henri Lechaponnier est grièvement blessé, il est salement touché au dos par une rafale de mitrailleuse. Lui aussi doit être évacué.

Nous avons l'honneur de parcourir les premiers les rues de Riva-Bella, marchant en tête du commando franco-anglais. L'ordre nous est donné de suivre la route départementale qui mène de Lion-sur-Mer à Riva-Bella. Le hasard est curieux, c'est ici que j'habite depuis trente ans.

Soudain, au détour d'une rue, je rencontre un couple réfugié dans le vide sanitaire sous leur maison. Ils ont la tête dehors et me demandent : « Que se passe-t-il ? » Je leur réponds que c'est le débarquement, la Libération. Ils ne sont visiblement pas tranquilles et me disent, morts de trouille : « Quand vous allez repartir, qu'est-ce qu'on va prendre ! » Je les rassure : « Ne vous inquiétez pas, ce n'est pas dans nos intentions de rembarquer tout de suite ! » Mes propos les ont visiblement détendus… Je l'ai deviné sur leurs visages.

Un civil, Marcel Lefebvre, nous a aussi donné un sacré coup de main ce matin-là. Marcel Lefebvre, dès le début de l'Occupation, n'aime pas les Allemands. On peut le comprendre… Ce qui lui vaut quelques déboires. Très rapidement d'ailleurs. Début 1940, il est arrêté parce qu'il est considéré comme un « indésirable français ». La raison ? Pas l'affaire du siècle, mais c'est suffisant pour aller rendre des comptes à la Kommandantur sans la ramener : il a mis trois points d'exclamation au bout du mot « Victoire » sur la lettre destinée à son épouse qui habite justement rue de… la Victoire. Remis en liberté, Marcel Lefebvre entre dans la Résistance. Nous le retrouvons dans cette rue dans la matinée du 6 juin 1944. Il n'a pas fermé l'œil de la nuit. En bras de chemise, il regarde ce qui se passe dehors. Il voit des soldats et pense que ce sont des Allemands. Mais il se rend compte que les militaires portent le casque anglais. Il rencontre d'autres hommes de notre commando près de l'auberge du Cheval Blanc et de l'avenue Pasteur. Il demande : « Qui est le chef ? » L'un des nôtres montre le commandant Kieffer : « C'est lui, là-bas… » Marcel Lefebvre se présente comme un membre de la Résistance locale et indique qu'il peut donner un coup de main. Cela tombe très bien. Philippe Kieffer doit prendre le casino. Le résistant de Ouistreham les conduit dans une maison située en face de l'objectif finalement atteint avec les PIAT (lance-roquettes antichars). Il donne aussi une information capitale : l'endroit où se trouve le central téléphonique allemand. « Les blockhaus sont reliés entre eux avec une ligne téléphonique. À force de les observer, je sais parfaitement où se trouve leur relais de transmission. Il suffit de le faire sauter, les Boches ne pourront plus communiquer entre eux ni coordonner leurs tirs. » « Excellente idée ! s'exclame le commandant Kieffer, vous savez comment y aller ? » « Oui commandant, il suffit de traverser le champ de mines… » Devant l'air interrogateur de notre pacha, le Ouistrehamais sort un nouvel atout de sa manche : « Il y a un passage, je sais où il est, vous pouvez compter sur moi, je guiderai vos hommes ! » « Deux volontaires ! » demande Philippe Kieffer. Guy de Montlaur et Joseph Nicot se présentent. « Vous suivez cet homme qui vous conduira jusqu'au relais de transmission, votre boulot consiste à le faire sauter. » Les deux commandos emboîtent le pas du septuagénaire qui se faufile entre les villas. Ils reviennent après vingt minutes. Marcel Lefèvre lance à Philippe Kieffer, en se mettant au garde-à-vous : « Mission accomplie ! » Un morceau d'explosif a réduit le relais de transmission au silence. Les Allemands n'ont plus de téléphone. En descendant les marches de la maison, Marcel Lefevre ne comprend pas tout de suite qu'il a affaire à un régiment français incorporé dans l'armée anglaise. Il s'exclame, étonné : « C'est gentil d'avoir appris le français avant de débarquer… »

Malgré les combats qui continuent de plus belle dans Ouistreham, la nouvelle se répand malgré tout comme une traînée de poudre : des Français, des gars de chez nous, ont débarqué avec les Anglais ! Des obus sifflent au-dessus des maisons, mais des civils sont sur le pas de leur porte avec des verres et des bouteilles de cidre et nous accueillent à grands cris : « Vive la France, vive de Gaulle ! » Certains devaient peut-être dire vive Pétain il y a un mois mais ces remerciements sont toujours bons à prendre et nous réchauffent le cœur.

Impossible d'évoquer notre unité sans parler de notre aumônier, l'abbé de Naurois. Et d'une anecdote qui se déroule lors de cette historique matinée. Ordonné prêtre le 29 juin 1936, il s'engage dans les Forces françaises libres en avril 1943. Ce 6 juin 1944, il débarque avec nous à Colleville-sur-Orne. Encouragé par Philippe Kieffer, il progresse parmi nous. Il distribue des hosties aux blessés, fait quelques prières. Parfois sous la mitraille. Épuisé, le pantalon alourdi par l'eau de mer, il glisse et entend un bruit caractéristique : ses bretelles viennent de lâcher. Il récupère finalement un bout de fil téléphonique pour rafistoler ses bretelles et rejoint le casino.

Dans une accalmie, l'abbé de Naurois donne la communion à quelques Irlandais qui se battent aux côtés des Anglais. Terrasser le monstre nazi vaut bien quelques alliances…

Puis nous longeons des villas en front de mer, les Allemands ont encore accroché des pancartes « *Achtung minen* » (« Attentions, mines ») sur les clôtures des jardins. La section de Klopfenstein, de la *troop* 8, va subir des pertes importantes avec un obus de mortier. Le matelot Létang, grièvement blessé, ne survivra pas. Couturier, le radio, est lui aussi blessé. Une demi-douzaine de commandos doivent être évacués. Boulevard d'Angleterre, des Allemands embusqués dans deux maisons et un blockhaus nous donnent du fil à retordre. La section K Gun, revenue en appui, les arrose mais les mitrailleuses s'enrayent. Elles n'ont sûrement pas apprécié le bain forcé et matinal que nous leur avons fait subir. Les deux villas sont neutralisées, toujours pas le blockhaus.

Une section est envoyée en reconnaissance pour s'assurer que les écluses du canal de Caen à la mer sont intactes et ne sont pas minées. Cette voie maritime qui relie Caen au port de Ouistreham est un endroit stratégique. Il est prévu que la ville de Caen soit libérée le soir du Débarquement. Cela prendra, hélas, un peu plus de temps…

L'autre *troop*, commandée par Philippe Kieffer, la 1, parvient à 8 h 30 à l'angle de la rue Pasteur et de la route de Lion-sur-Mer. Une section tient le carrefour, un autre groupe, restreint en raison de nombreuses pertes, se dirige vers le casino. Ou ce qu'il en reste. Ce groupe est conduit par Guy de Montlaur. Rasé depuis le mois d'octobre 1942, l'ancien établissement de jeux a été transformé en bunker par les Allemands. S'il n'a pas de pièces d'artillerie lourde, il est quand même équipé de deux canons de 20 millimètres sous une coupole en béton, constituant une indiscutable menace pour les troupes en train de débarquer. Philippe Kieffer vient de rejoindre Montlaur. La prise du casino ne sera pas une promenade de santé. Pendant que nous continuons de nettoyer les derniers blockhaus, Kieffer et Montlaur étudient la meilleure façon de passer à l'assaut. Deux difficultés s'ajoutent : un mur de 2,50 mètres de haut forme une chicane avec un fossé antichar qui ne sont pas visibles sur les photos aériennes. Pendant ce temps-là, notre médecin, Robert Lion, et notre infirmier, Bolloré, doivent porter secours à de nombreux blessés.

Augustin Hubert, lieutenant de la section K Gun, est abattu d'une balle dans la tête. Marcel Labas, son agent de liaison, est lui aussi mortellement touché boulevard d'Angleterre. Vraisemblablement par le même sniper.

L'autre infirmier, blessé sur la plage, manque à l'appel. Paul Rollin, tout juste âgé de 18 ans, est grièvement touché à son tour. Notre médecin, le capitaine Lion, tombe rue Pasteur, touché en plein cœur. Il est tué dans la cour de la dernière maison en face le casino. Il a rampé jusqu'à un blessé pour le soigner. En se relevant légèrement pour lui faire une injection, il se retrouve dans la ligne de mire de snipers allemands sans pitié. Médecin passionné de psychiatrie, il a 35 ans. Il nous a rejoints après un incroyable parcours. Très tôt il entre les rangs de la Résistance, avant d'être dénoncé comme communiste alors qu'il est en Afrique du Nord. Condamné à vingt ans de travaux forcés, il est libéré par les Américains avant de rejoindre le général de Gaulle à Londres. À son plus grand étonnement, il retrouve celui qui l'a dénoncé avec des galons d'officier sur la manche. Preuve que les promotions, c'est comme l'argent, elles n'ont parfois pas d'odeur… C'est à ce moment qu'il a décidé de rejoindre les commandos.

Quand il voit une tache rouge suinter au niveau du cœur sur la poche gauche du *battle-dress* du médecin, Bolloré comprend tout de suite. Plus tard, l'infirmier du commando confiera avoir assisté à un phénomène étonnant : la barbe du médecin s'est mise à pousser presque à vue d'œil.

Un autre commando, Émile Renault, souffre d'une plaie béante à la hanche. À part une injection de morphine, Bolloré ne peut pas faire grand-chose. La situation devient compliquée. Les poches du *battle-dress* de Bolloré commencent à se gonfler avec les plaques matricules récupérées sur les tués. Nous débarquons avec deux plaques, suspendues à notre cou avec une cordelette. Notre numéro matricule, notre nom, notre prénom et notre confession sont marqués. La première, imputrescible, de forme octogonale, reste avec le défunt. L'autre, ronde et résistante au feu, doit être ramassée et acheminée vers l'arrière après la constatation du décès. Celles que Bolloré a dans sa poche.

Nous nous faisons arroser par les Allemands depuis le site Hillman. Cela nous semble bizarre, les tirs nous passent largement au-dessus de la tête. Quelques années plus tard, quand je découvre la configuration du terrain, il n'y a rien d'étonnant.

À part des lance-roquettes, nous n'avons pas d'armes lourdes. L'initiative de Philippe Kieffer va alors entrer dans l'Histoire avec un grand H : il vient d'apprendre par radio que six chars Centaure viennent de débarquer. Avec le matelot Devager, il parvient à convaincre le pilote du char de les prendre, sans protection, sur le tank. En route, Kieffer croise Jean Morel, pour lui demander de venir chercher la *troop* 8 pour attaquer le casino à revers et le prendre en tenaille. Le blindé arrive devant le casino et se met en position de tir, guidé par notre commandant grimpé sur le Centaure. Les deux premiers obus font mouche. Il est 9 h 25. Les canons allemands sont réduits au silence. Du belvédère, les Allemands continuent d'arroser. Philippe Kieffer remonte sur son char. Il vient d'être blessé une deuxième fois, au bras maintenant. Le tank ouvre le feu à quatre reprises. Comme pour le casino, l'ennemi est neutralisé. Lanternier ramène une douzaine de prisonniers. Parmi eux, des supplétifs de l'armée allemande, quelques Polonais et des Russes. Certains prisonniers n'ont jamais vu la mer avant de venir à Ouistreham. Ils ne sont pas déçus… Scherer, qui parle l'allemand, arrive à convaincre les derniers ennemis à se rendre. De notre côté, il ne reste plus qu'un blockhaus à prendre. Nous essuyons encore une violente attaque de mortier mais les Allemands finissent par baisser pavillon. C'est souvent le même scénario : dès qu'un blockhaus est pris, les Allemands qui ne se rendent pas, se carapatent jusqu'au blockhaus suivant où ils se réfugient et ainsi de suite. Jusqu'au dernier… Les Allemands s'attendent à une attaque frontale venant de la mer, ils ne pensent pas être pris à revers. Ouistreham est libérée après quatre heures de durs combats. Dès que des ennemis sont capturés, nous les emmenons aux Anglais, après on ne s'occupe plus d'eux. Un groupe de prisonniers est amené sur la plage. Ils sont conduits par deux commandos anglais. Le quartier-maître Jean

Reiffers, un gars de chez nous qui parle allemand lui aussi, les interroge. Soudain, profitant d'un moment d'inattention, un Allemand s'empare d'une grenade à manche qu'il a planquée dans sa botte et la balance. Le mécanisme se déclenche automatiquement quand la grenade quitte la main de celui qui l'envoie.

L'explosion a lieu après quelques secondes. Elle fait du dégât. Un soldat anglais est tué sur le coup, l'autre est grièvement blessé. Reiffers, déjà blessé, est une nouvelle fois touché par un éclat de grenade. Des Anglais sont atteints moins gravement. Soudain les Thomson de deux commandos crépitent. Les deux prisonniers allemands sont abattus.

À 11 h 20, le colonel Dawson ordonne au numéro 4 commando de se rassembler dans l'ancienne colonie de vacances. Malgré des pertes importantes, nous nous comptons, et nous nous rendons finalement compte que nous sommes plus nombreux que nous pensions l'être au départ. En quatre heures, notre mission est pliée. Peut-être parce que des chars ont débarqué en même temps que nous et que les Allemands, retranchés dans leurs blockhaus, ont préféré tirer sur les blindés que sur nous. Avec des peut-être ou des si, on mettrait Paris ou… Ouistreham en bouteille. Mais ce n'est pas le moment de refaire le monde. La journée est loin d'être terminée. Nous faisons le chemin en sens inverse et nous croisons des soldats anglais des deuxième et troisième vagues. Mes camarades et moi, nous traînons quelque peu en route. Des civils, surpris et surtout heureux d'être libérés, sont devant leur maison et tendent des verres de cidre ou de calva. Quelques jeunes gens nous interpellent en nous demandant si nous n'avons pas des cigarettes anglaises. Ils nous demandent aussi si nous comptons rester. L'un de nous répond que ce n'est pas dans nos intentions de repartir en Angleterre. Et d'ajouter aux deux jeunes qu'ils peuvent aller sur la plage. Des barges les attendent pour les emmener en Angleterre où ils pourront enfiler un uniforme tout neuf et revenir en France pour combattre les Allemands. Ils ne semblent pas plus emballés que cela par la proposition, préférant les cigarettes blondes… Des camarades manquent hélas à l'appel. Le bilan est lourd : dix morts et trente-quatre blessés, sur cent soixante-dix-sept... Des civils, qui ont des connaissances sur le plan médical, donnent aussi un coup de main à nos infirmiers pour soigner les blessés. Nous récupérons nos sacs entreposés ici à l'aller. L'abbé de Naurois interpelle Philippe Kieffer à propos de nous : « Commandant, ces hommes ont des gueules superbes ! » L'homme d'Église, après l'enfer qu'il vient de traverser, a une gueule superbe lui aussi ! Nous rechargeons nos armes et ouvrons nos boîtes de ration. Philippe Kieffer nous accorde une demi-heure de repos. Nous en profitons pour nous restaurer et reprendre quelques forces car la journée n'est pas finie. Nous ouvrons les caisses en bois. Les boîtes de ration contiennent du bacon, du fromage, du corned-beef, de la viande de bœuf, surnommé le « singe » – cette appellation vient des tranchées et des Poilus de la guerre 1914-1918. Il y aussi du pâté de porc, du pain… Avant 13 heures, un nouvel ordre est lancé : Rassemblement ! C'est le départ vers Bénouville. Les Anglais sont devant, nous fermons la marche, contrairement au début de matinée quand nous avons foulé le sable de la plage de Colleville-sur-Orne. Alors que nous venons de nous mettre en route, nous apercevons, le long des murs longeant l'ancienne colonie de vacances, les corps des tués. Les blessés graves sont aussi rassemblés ici, attendant d'être évacués. Je revivrai malheureusement des scènes similaires dans les semaines qui viennent.

Le jour du Débarquement, on ne peut pas dire que nous avons eu peur. C'est un autre sentiment que nous ressentons, difficile à expliquer. Nous voulons être dans l'action qui va rendre la liberté et son honneur à notre patrie, nous avons un travail à accomplir. Même si nous ne pensons pas vraiment au pire, le fait d'être encore en vie a quelque chose de très surprenant. Mais tout le monde sait que cela n'arrive qu'aux autres. Même nous, pourtant formés, aguerris… On ne pense qu'à une chose, comme une obsession qui nous empêche peut-être de penser au pire : le travail que nous avons à faire. Nous sommes entraînés pour cela. La peur, cela vient après, quand tout est fini. Et en ce qui me concerne, il va falloir attendre la fin du mois d'août pour que cela se termine. Nous sommes très motivés et très confiants. Notre devise est « Unis et imprenables ». Si nous avons la réputation d'être des durs, nous ne sommes pas des tueurs pour autant. Nous n'avons jamais maltraité les prisonniers. Nous sommes sortis les mains propres de cette guerre.

Dans la journée du 6 juin, les deux barges qui nous ont transportés depuis l'Angleterre dans la nuit refont le chemin inverse. Pas de commandos à bord cette fois, mais des prisonniers allemands et des blessés qui doivent être hospitalisés. Quelques-uns de mes camarades sont parmi eux, mais aussi des civils touchés pendant la prise de Ouistreham. Comme Mme Mousset qui tient l'Hôtel de Normandie. Une quarantaine d'années plus tard, nous l'accompagnerons lors d'un pèlerinage à la frontière du pays de Galles et de l'Angleterre. Elle veut revoir ceux qui l'ont soignée en 1944, c'est très émouvant. Nous sommes dans la Mercedes d'un ami, il souhaite que je prenne le volant car il n'est pas très à l'aise avec la conduite à gauche. Contrairement à moi qui vivrai plusieurs années de l'autre côté de la Manche.

7

# Une guerre de tranchées, comme en 1914-1918

Nous progressons vers le bourg de Colleville-sur-Orne. La tempête s'est calmée et maintenant le soleil tape. Nous avons essayé de mettre nos sacs sur un chariot de l'armée allemande que nous avons récupéré, mais nous abandonnons vite cette idée. Cela nous ralentit et offre ainsi une cible de choix aux snipers allemands postés entre Colleville-sur-Orne et Saint-Aubin-d'Arquenay. Plusieurs camarades sont atteints par des tireurs isolés. Comme celui posté dans le clocher de l'église de Saint-Aubin-d'Arquenay et qui est sans doute à l'origine de la blessure au bras du lieutenant Amaury, chef de la section des mitrailleuses lourdes. À Colleville, les civils sont aussi sur le bord de la route et nous tendent des verres de cidre. À la sortie de Saint-Aubin-d'Arquenay, nous rencontrons un homme à bicyclette. Nous pensons d'abord qu'il s'agit d'un déserteur allemand qui profite de la situation pour voir si les cieux sont plus cléments ailleurs. C'est en fait un civil du coin.

Nous nous en rendons compte à ses premières paroles. Il est lourdement chargé. Ses sacoches sont remplies à ras bord et deux volumineux sacs de l'armée allemande pendent de chaque côté du guidon. Selon ses explications, il aurait quitté Caen dans la matinée et compte bien y retourner ! Malgré les bombardements et les canons qui tonnent. Pour justifier le contenu de ses sacs, notamment des boîtes de conserve de rations allemandes, il dit qu'il a « juste ramassé quelques petits souvenirs. Vous savez, pendant quatre ans on a beaucoup souffert… ». Nous laissons le pilleur du 6 juin repartir vers son destin, avec ses sacs remplis de ses «opportunistes prises de guerre ». Tout en se disant : « Celui-là, s'il tombe sur une patrouille allemande, on aimerait pas être à sa place. » Nos sacs de 35 kilos commencent à peser. Les nombreux cadavres allemands étendus sur le bord de la route témoignent de la violence des combats.

Vers 16 heures, nous apercevons enfin le pont de Bénouville. Nous ne nous attardons pas et continuons notre progression en file indienne. En faisant toujours attention aux snipers. La route qui passe devant la mairie est aussi exposée aux tirs des redoutables canons de 88 millimètres allemands. Le pont est tenu depuis le début de la nuit par les paras qui sont arrivés en planeur. « Vous tiendrez jusqu'à ce que l'on vous relève », leur a-t-on dit avant qu'ils décollent du sud de l'Angleterre. Ils ont tenu. Lorsqu'il arrive avec ses hommes, en cet après-midi du 6 juin 1944, Lord Lovat à l'avant-garde de la relève, en parfait gentleman anglais, s'excuse avec humour du retard de deux minutes auprès du général Gale, le patron des paras anglais. Bill Millin, son *piper* officiel, galvanise les troupes en interprétant *Bluebonnet over the border*, un chant de guerre écossais. En approchant, nous apprenons que le numéro 4 commando a subi de lourdes pertes en traversant le pont qui enjambe le canal et l'autre qui passe sur l'Orne.

Les Allemands sont encore au château, avec des éléments de la 21e Panzer, ainsi que sur le bord du canal et nous tirent dessus. Dans le milieu de la nuit, le général Richter, commandant de la 716e division allemande, a donné l'ordre de reprendre le pont. Les paras anglais ont tenu, coûte que coûte. Le pacha nous ordonne de nous arrêter. Il fait mettre quatre mortiers en batterie, en couverture, et fait envoyer des fumigènes pour nous masquer. Nous passons sur le pont de Bénouville sans admirer le paysage. Nous avons quand même le temps de voir les trois planeurs qui se sont posés tout près du pont peu avant minuit. Ils ont transporté les hommes du major Howard, auteurs d'un des plus formidables coups de main du Jour J. Nous nous protégeons derrière le parapet sur lequel les balles ricochent et nous baissons la tête. Malheureusement, un coup de vent disperse temporairement les fumigènes, permettant aux tireurs allemands d'avoir une vue plongeante sur le pont. Et surtout de nous avoir dans leur ligne de mire. Trois de mes camarades sont blessés ici. Derrien et Quéré sont touchés à la jambe, Perrone dans le dos. Otto Zivolhava, qui ferme la marche, leur apporte les premiers soins et les accompagne vers la maison la plus proche, le Café Gondrée, devenu depuis la matinée un poste médical avancé. Il repasse seul sur le pont de Bénouville. En cours de route, il récupère Gadou et Richemont avant de regagner nos lignes. La blessure de Jean Perrone est grave. Il ne perd pas connaissance mais pense que sa dernière heure est arrivée. Notre infirmier lui fait une piqûre de morphine, un geste hélas plusieurs fois répété depuis le début de la matinée. Bolloré applique un pansement et demande à Perrone de rester calme : « Un médecin va bientôt arriver. Reste éveillé et refuse de boire tant que le toubib n'est pas là… » Nous apprendrons quelques jours plus tard que Jean Perrone a survécu. Le médecin est arrivé à temps et notre camarade a pu être évacué et soigné dans un hôpital militaire en Angleterre.

Entre les deux ponts, Bénouville qui enjambe le canal et Ranville qui passe sur l'Orne, les Anglais ont fait des prisonniers allemands. Ils leur ont trouvé de l'occupation : quoi de plus normal, pour l'ex-occupant, que de creuser des tranchées ! On nous annonce une contre-attaque de la 21<sup>e</sup> Panzer. Nous attendons un peu, mais elle n'a pas lieu. Ce n'est que partie remise. Toujours entre ces deux ponts de Bénouville et Ranville, je me souviens d'une maison sur la gauche. Quand nous passons devant, une femme, ravie de voir les libérateurs, nous offre de l'eau fraîche. Nous plongeons nos mugs anglais dans des seaux pour nous rafraîchir et nous désaltérer. Nous nous remettons en route.

La fatigue se fait de plus en plus sentir. Courbés par le poids du sac, dégoulinant de sueur sous nos *battle-dress*, les jambes lourdes, nous ne pensons qu'à une chose : tenir, tenir, encore tenir. Chacun d'entre nous prend conscience de l'intérêt de l'impitoyable stage commando d'Achnaccary où nous courions tout le temps. Heureusement, il y a quelques sympathiques moments. Comme ceux où des paysans normands nous tendent des verres de cidre, de calvados ou de lait. Il y en a même un avec des seaux remplis de cidre sur des brouettes et qui nous invite à plonger nos gourdes et nos mugs. En échange, nous leur donnons des cigarettes anglaises. Ils découvrent une odeur qu'ils ignoraient jusqu'à ce 6 juin 1944 et qui les change du tabac brun. Pour eux, c'est le parfum de la liberté qui restera gravé dans leur mémoire à tout jamais. Des années plus tard, des témoins me le confieront : « Nous n'oublierons jamais cette odeur ! »

En passant par le carrefour de Lécarde, nous arrivons enfin à Amfreville. En cours de route, outre des dizaines de planeurs anglais posés dans les champs, nous sommes confrontés à des images terribles, preuve que les combats pour la prise de ce point stratégique situé sur les hauteurs à l'est de Caen ont été violents. De nombreux cadavres de soldats anglais et allemands gisent sur le bord de la route. En passant devant l'église, nous sommes accueillis par une image forte, voire symboliques. Une moto avec un side-car, et à quelques mètres, étendu sur le sol, un cadavre. Celui d'un soldat allemand. Impeccable, sanglé dans son manteau de motocycliste en cuir noir. Ses bottes brillent comme si elles venaient d'être cirées. Dans sa main droite un revolver, dans la gauche, une grenade à manche prête à être balancée. Mais il manque quelque chose : la tête… Comment l'a-t-il perdue ? Nous ne le saurons jamais. Il s'est vraisemblablement trouvé sur la trajectoire d'un obus.

Il est 21 heures, nous nous postons au Plain, dispositif le plus avancé des lignes alliées face aux Allemands qui sont à portée de fusil. Nous savons l'importance de notre mission. Tenir le secteur prive l'ennemi des deux ponts qui enjambent l'Orne et le canal qui relie Caen à la mer. Les Allemands ne pourront pas envoyer des renforts à l'ouest de la baie de l'Orne, où les troupes continuent de débarquer. Nous avons parcouru 18 kilomètres dans la journée. Nous devions rester quatre jours à Amfreville, nous aurons le temps d'apprécier beaucoup plus longtemps ce secteur à l'est de la baie de l'Orne… Alexandre Lofi donne l'ordre de creuser des tranchées dans des vergers. Il fait encore jour. Les hommes du numéro 6 commando sont près de nous. Malgré la fatigue, nous mettons du cœur à l'ouvrage pour creuser ces foutues tranchées avant la tombée de la nuit. Nous nous mettons par deux. Pendant que l'un manie sa pelle-pioche, histoire de montrer qu'elle n'a pas traversé la Manche pour rien, l'autre veille avec son arme en batterie. Nous nous relayons toutes les dix minutes. En temps normal, creuser à la pelle ressemble déjà à une corvée. Avec les snipers allemands postés à la nuit tombante à quelques centaines de mètres, la tâche prend une autre dimension. Pour être honnête, le premier soir à Amfreville, je n'ai pas creusé profond. J'ai quand même mis toute la terre devant moi pour me protéger.

J'ai continué le lendemain. La nuit ne sera pas calme. Vous entendez des bruits que vous ne percevez pas dans la journée. Vous vous demandez ce que c'est et vous n'êtes pas fier. Autant dire que vous êtes content quand le copain vient vous relever.

Le soir du 6 juin, il était prévu que nous arrivions à Cabourg sur la côte du Calvados, entre Honfleur et Caen. Qui n'est quand même pas la porte à côté, je me demande comment on aurait fait ! Jusqu'au petit matin, les snipers allemands nous harcèlent mais leurs tirs sont très imprécis. Ordre nous est donné de ne pas riposter pour ne pas dévoiler nos emplacements d'armes automatiques. Nous devons garder l'effet de surprise en cas de contre-attaque. Ce qui ne manquera pas d'arriver. Mais nous ne sommes pas venus les mains vides… Le commandant Kieffer fait mettre en batterie des nids de mitrailleuses, des PIAT (lance-roquettes), des mortiers… Des patrouilles sont aussi envoyées pour sonder la population locale et s'assurer qu'elle ne regrette pas le départ précipité de l'Occupant… Nous devons aussi faire face à un nouvel ennemi, les moustiques. Les zones humides et notamment les marées de la Dives ne sont pas loin.

Trois volontaires normands veulent rejoindre nos rangs. Le premier n'est pas accepté. Hubert Faure, qui a pris le commandement de la troop 1, prend les deux autres. Leur passage sous le béret vert sera éphémère. Le premier est à peine chez nous depuis une heure qu'il est blessé par un éclat d'obus alors qu'il creuse sa tranchée. Décidément… Le deuxième reste un peu plus longtemps. Une journée... Originaire de Caen, il demande à aller voir sa famille et régler des affaires courantes. Suspicieux, un officier des services de renseignement lui confie une mission dans la préfecture du Calvados afin de le tester. On ne le reverra pas. Arrêté par les Allemands alors qu'il franchit leurs lignes, il est envoyé dans un camp en Allemagne. Nous ne le retrouverons que trente années plus tard, lors du trentième anniversaire du Jour J.

Après l'euphorie du Débarquement, nous sommes confrontés à une situation pour laquelle nous n'avons pas été vraiment préparés : une guerre de positions, avec un *no man's land* et des tranchées. Comme pendant la Première Guerre mondiale. Les Anglais appelleront ça la « *phoney war* », la drôle de guerre. On revient aux préconisations du manuel du fusilier de 1916 : « Tout fusilier marin doit manier l'outil aussi bien que le fusil et doit travailler... » La philosophie du commando, si on peut parler de philosophie pour ce genre de situation, est le mouvement. Passer à l'action, mener sa mission à bien, et repartir comme on est venu. Discrètement. Là, nous nous sommes enterrés, bloqués face à un ennemi qui s'accroche au terrain coûte que coûte. Mais, comme le préconise le manuel, nous avons travaillé... la terre. Avec nos pelles de campagne !

Sur les hauteurs d'Amfreville et de Bréville, notre mission est simple : tenir ce point stratégique et repousser toutes les attaques que les Allemands ne vont pas manquer de tenter. Amfreville ne doit pas être reprise.

La *troop* 1 est postée dans un champ à l'est de l'église. Avec la *troop* 8, nous sommes à l'orée d'un bois près de Bréville. En début de soirée, nous voyons arriver de nouveaux planeurs remplis de paras de la 6e airborne. Ils sont accueillis par un déluge de feu envoyé depuis les lignes allemandes. La tête de pont se consolide, passant ainsi d'une centaine d'hommes, depuis les premières minutes du Jour J, à des milliers de combattants aguerris, paras et commandos. Mais les Allemands n'ont pas dit, malgré tout, leur dernier mot

Le 7 juin, pendant que des tranchées sont consolidées à la faveur du jour qui se lève, le commandant Kieffer met des patrouilles en place pour fouiller les maisons d'Amfreville. À juste titre : des documents importants sont trouvés dans l'école des garçons réquisitionnée par les Allemands qui y ont installé leur poste de commandement. Le maire et le curé du village sont interrogés pour savoir s'il reste encore des civils suspects. Des habitants, sentant des vents contraires depuis notre arrivée, sont partis voir ailleurs. Nous découvrons d'où proviennent les tirs qui nous ont agacés toute la nuit. Nos agents de liaison vont d'un poste avancé à l'autre. Nos radios, qui n'ont visiblement pas apprécié le bain forcé de la veille, sont réparées. Nous pouvons enfin communiquer entre chaque tranchée. En fouillant le clocher du village, nous découvrons qu'il était occupé par un sniper allemand. Il n'a pas fait le ménage avant de partir, il a laissé quelques traces de nourriture et des douilles…

La journée du 7, consacrée aux patrouilles, se déroule sans histoire… ou presque : en milieu d'après-midi, nous sommes en alerte. Une demi-douzaine de chars de la 21e Panzer rôdent près du bois Mariquet. Ils font route au nord-nord-est, autrement dit sur nos lignes. Et pas pour nous apporter du thé, malgré l'heure qui s'y prête. L'ordre claque : position de combat ! Les PIAT sont placés en embuscade avec mission de n'ouvrir le feu qu'à 80 mètres des blindés allemands. Quant à nous, nous devrons attendre, cachés et enterrés dans nos tranchées, que les fantassins qui suivent les tanks soient à notre portée pour tirer. Dieu merci, nous n'aurons pas à engager le combat contre cet ennemi puissamment armé. Des Marauders en patrouille, des bombardiers bimoteurs, aperçoivent la colonne de chars allemands et piquent sur eux. Les deux premiers sont pulvérisés, les quatre autres rebroussent chemin et ne demandent visiblement pas leur reste…

Dans la matinée, nous assistons à un spectacle qui nous remonte quelque peu le moral : une flotte d'avions porteurs nous survole à basse altitude. Ils virent au-dessus de nous et mettent le cap sur la zone où ont atterri les paras de la 6e Airborne quelques heures plus tôt. Soudain, des corolles blanches envahissent le ciel, avec des dizaines de paras et des containers de ravitaillement et de munitions descendant lentement vers les champs normands.

Nous apprenons aussi comment les Allemands ont connaissance de nos déplacements. La veuve de l'ancien notaire cache dans son grenier un Allemand avec un poste émetteur. Equipé de jumelles, il surveille tous nos faits et gestes et envoie par radio nos positions à ses petits copains qui n'ont plus qu'à régler leurs canons pour nous arroser. Jusqu'à ce que l'intrus soit délogé de son perchoir. La vieille femme et l'Allemand sont embarqués par les services de renseignement anglais. Alors que la veuve essuie une bordée d'insultes, elle répond d'une manière étonnante : « Vous savez, il était gentil avec nous. Et puis il allait tous les dimanches à la messe, alors... » Ce qui ne l'a pas empêché de faire du dégât depuis son grenier...

Tous les Français ne nous ont pas tendu des verres de cidre ou accueillis avec le sourire. Un vieux paysan, originaire d'Hérouvillette, étonné de trouver des Français sous l'uniforme anglais, se laisse aller à quelques confidences, en patois normand : « Qué malheu que vous soyez venu si tôt, encore deux ou trois ans de plus et j'étais millionnaire... » Il y a aussi ce paysan fou de rage, moustaches en bataille et en sabots sous ses pommiers : « Avec votre guerre, vous ruinez tous mes arbres et tuez tous mes bestiaux ! Il me faut un papier pour que j'aille à la mairie me faire rembourser ! » Effectivement, il manque quelques branches à des pommiers élagués au hasard d'un obus perdu. Au pied d'un arbre sont étendus, pour l'éternité, deux soldats des Royal Marines. Maurice Chauvet, notre agent de liaison, se pointe. D'un regard circulaire, il cherche des vaches, les pattes en l'air, mais n'en trouve pas. Quels bestiaux ? demande Maurice. Le paysan l'attrape par le bras et l'entraîne dans un coin du champ où un obus de mortier a terminé sa course au milieu d'un troupeau de dindons. Maurice lui demande de crier moins fort, par respect pour les morts. Mais le paysan n'est pas calmé pour autant, il ressort son couplet selon lequel il lui faut un document signé en bonne et due forme pour se faire rembourser ses dindons qui ont laissé quelques plumes dans ces premiers jours de la bataille de Normandie. « Si j'ai un papier, je pourrai aller me faire rembourser à la mairie ! » À bout, Maurice pointe le canon de sa Thomson sur le ventre du paysan en lui disant que s'il continue, la mitraillette risque de partir toute seule, un accident est vite arrivé. Le paysan tourne les talons. Sans être calmé pour autant. « C'est-y pas malheureux de voir ça. Faut-y que j'attende que la Kommandantur revienne. Au moins, eux, ils me le feront, le papier ! »

À 18 heures, Philippe Kieffer reçoit l'ordre du colonel commandant le numéro 6 commando d'attaquer Bréville, en appui des Anglais. Nous nous mettons en route. Une heure plus tard, le village est pris. Pas pour longtemps… Dans la nuit, des patrouilles sont envoyées jusque dans le bas de Bréville. Les Allemands ne sont plus là. C'est tout du moins ce que nous croyons. Le lendemain matin, au lever du jour, une nouvelle incursion va nous prouver le contraire. Une de nos patrouilles remarque une forme allongée sur la route, à environ deux cents mètres. Un tireur embusqué allemand est repéré. Un second-maître de la *troop* 1, excellent tireur, vise et touche un caporal allemand à la jambe gauche. Ramené au Plain pour être interrogé, ce dernier déclare appartenir à une unité positionnée sur la partie est du bas de Bréville. Il est maintenant certain que les Allemands préparent une contre-attaque. Mais quand ?

Le jeudi 8 juin, le commandant Kieffer se rend, comme tous les matins à 9 heures, à la réunion de l'état-major au hameau Hauger. Après l'alerte de la veille, il a la confirmation qu'une nouvelle attaque allemande est possible. Notre commandant n'est pas au mieux de sa forme, mais il veut rester avec nous. Ses deux blessures, au bras et à la jambe, le font terriblement souffrir. Surtout celle de la jambe qui s'est infectée. À 16 h 30, il est contraint de se présenter au médecin-chef qui rend un bilan sans appel : Philippe Kieffer doit être rapatrié dans un hôpital militaire en Angleterre. Et sans tarder. La mort dans l'âme, il confie le commandement du commando à Alexandre Lofi. Francis Vourch prend le commandement de la *troop* 8, la nôtre, tandis qu'Hubert Faure dirige la 1. Après la mort du lieutenant Hubert et la blessure d'Amaury, Georges Coste dirige la section K Gun, les mitrailleuses.

Après une visite à Lord Lovat et au colonel Dawson, espérant sans doute un ajournement de son évacuation sanitaire, Philippe Kieffer, gavé de pénicilline, embarque à Lion-sur-Mer sur un navire hôpital, le LCT 64. Le navire sera d'ailleurs bombardé lors de la traversée de la Manche. Sans dégât.

Étrange coïncidence, en route, le LCT 64 croise le *Courbet*. Le navire sur lequel j'étais en juin 1940.

Le *Courbet*, conduit par le capitaine de vaisseau Wietsel, se dirige vers sa dernière demeure, le fond de la Manche, pour servir de brise-lames devant Hermanville. À quelques kilomètres à l'ouest de l'endroit où nous avons débarqué quelques jours plus tôt.

Le 11 juin, notre emblématique chef est hors de danger et surtout sauvé de l'amputation.

Pendant plus d'un mois, entre Cabourg et Caen, nous jouons au chat et à la souris avec les Allemands. Sauf que ce n'est pas vraiment un jeu. C'est la guerre, avec toute son horreur. Des camarades français ou anglais, parlant l'allemand, rampent parfois jusqu'à une sentinelle allemande et lui glissent : « *Hitler Kaput !* » Quelques « Malgré-nous »[1] originaires des pays de l'Est ne demandent pas leur reste et se rendent les mains en l'air. Bien contents de finir cette guerre dans un camp de prisonniers plutôt que de se faire tuer au bord de la route comme beaucoup de leurs frères d'armes ! Ils ont aussi l'assurance de manger tous les jours à leur faim en captivité chez les Anglais.

Dans la nuit du 8 au 9 juin, nouvelle alerte sérieuse. Ce ne sera, hélas, pas la dernière. Le poste de commandement de la première brigade envoie un message : « Chars d'assaut signalés sur votre droite, dans le sud, à environ deux kilomètres. » Sauf que nous n'avons

1. Pendant la Seconde Guerre mondiale, les nazis ont enrôlé des dizaines de milliers de soldats issus de nations occupées. Parmi eux : 130 000 Alsaciens et Mosellans incorporés de force dans la wehrmacht, parfois dans la SS.

pas de pièces d'artillerie dignes de ce nom. Les canons de 37 millimètres sont un peu plus bas, chez nos amis anglais, au bord de l'Orne et du canal. Les sentinelles n'ont entendu aucun bruit de moteur ni de chenilles sur la route. Une patrouille est envoyée en direction de Bréville pour en avoir le cœur net. Pendant ce temps-là, nous installons nos PIAT, les quatre canons portatifs antichars sont mis en batterie. Deux de chaque côté de la route, en comité d'accueil. La consigne est de laisser passer les chars et de profiter de l'effet de surprise en les arrosant quand ils auront parcouru une cinquantaine de mètres. Le reste de la nuit est calme. Soudain, dans le silence impressionnant des gens qui se guettent avant l'ouverture du feu, un char allemand apparaît. Un autre blindé allemand le suit. Puis les deux chars repartent comme ils sont venus, sur la pointe des pieds. Ou presque. Le bruit des chenilles disparaît dans la nuit. Les services de renseignement nous apprennent plus tard qu'il s'agit d'éléments isolés de la 21$^{e}$ Panzer division.

Le 9 juin, nous essuyons une nouvelle attaque. Nous tenons la tête de pont comme nous le pouvons. Le maître Michel Lavezzi, de la section Hulot, est grièvement blessé par un éclat de mortier. Il doit être évacué. Le second-maître Senée, touché par des éclats du même projectile, est légèrement blessé. Mais il reste parmi nous. La soirée se termine par un violent duel d'artillerie, annonciateur de la terrible journée du lendemain.

La bataille de Normandie entre le 6 juin et la fin août n'a pas été une partie de plaisir. Nous avons connu des situations parfois surréalistes. Près de la ferme de Bernard Saulnier, que j'évoque un peu plus loin dans ce livre, nous sommes presque au contact avec les Allemands. Soudain ils sont derrière nous. À quelques mètres. Nous les entendons parler... Nous sommes prisonniers sans le savoir. Eux non plus ne savent pas qu'ils nous ont faits prisonniers. Nous réussissons à les repousser jusqu'à Bréville avec l'appui des parachutistes anglais. C'est aussi ici que nous avons gardé un mort allemand pendant plusieurs heures. Ce jour-là, je suis en patrouille avec un camarade lorsque nous tombons sur le cadavre d'un soldat allemand, étendu sur le bord de la route près d'une ferme. Les mouches tournent déjà autour. Lorsque nous approchons, nous apercevons que des fils sortent de la veste du cadavre. Aucun doute, il est piégé. Même mort, il peut encore faire du dégât. Nous appelons les démineurs par radio et nous restons à côté pour que personne n'y touche. Nous sommes en juin, je vous laisse imaginer l'odeur. Les démineurs ne sont pas arrivés tout de suite. En les attendant, pour tuer le temps, nous nous posons des questions sur cet homme qui a, à quelque chose près, le même âge que nous. Nous ne savons rien de ce pauvre type, victime lui aussi du nazisme. Avait-il une femme, des enfants ? De quelle région était-il en Allemagne, que faisait-il dans la vie avant de se retrouver dans cette infernale tourmente ? Nous ne le saurons jamais. Toujours est-il que les Anglais sont finalement arrivés, sans les démineurs, mais ils ont mis une pancarte pour que personne n'y touche. Puis nous sommes repartis en patrouille. Avec l'image de ce soldat allemand, tué loin de chez lui, victime de la folie des hommes.

Cela va bientôt faire trois jours que nous sommes là. Le mauvais temps empêchant le débarquement du ravitaillement, les Anglais nous parachutent des vivres et des munitions.

Le 10 juin, alors que les bourreaux de la Das Reich investissent le village d'Oradour-sur-Glane, dans le Limousin, pour commettre un des pires crimes de guerre de la Seconde Guerre mondiale, la contre-attaque allemande est terrible à l'est de l'Orne. Quand Lord Lovat a été blessé, il a dit aux officiers, et je l'ai entendu car je n'étais pas très loin à ce moment-là : il faut tenir coûte que coûte pour protéger les opérations de bombardement. Et nous avons tenu. La contre-offensive allemande commence au lever du jour. Elle va durer une dizaine d'heures. Dix heures en enfer. La surprise est générale lorsqu'une avalanche d'obus tombe sur nos lignes. On en prend plein la g… Les intentions des Allemands sont claires : reprendre le Plain, un endroit stratégique. À 9 heures, ils reçoivent l'appui d'un bataillon de réserve de la 346ᵉ division d'infanterie. Deux heures plus tard, ils progressent en direction de Ranville. Des soldats allemands utilisent les carcasses des planeurs anglais pour se protéger. Au large, les tirs du croiseur *Arethusa* provoquent des pertes importantes chez les Allemands. Nous tenons, mais à quel prix ! Vingt-neuf pertes, dont des blessés dans les trois *troops* franco-anglaises. Le bilan est beaucoup plus lourd chez les Allemands. Ils ont perdu deux cent cinquante hommes, une centaine de tués et cent cinquante prisonniers.

J'ai une fois de plus beaucoup de chance ce jour-là. Nous sommes quatre dans notre tranchée, notre *fox hole*, « trou de renard », comme l'appellent quelques-uns de mes camarades. Je suis avec Paul Chausse et Marcel Rouxel. J'ai oublié le nom du quatrième mais je me souviens que c'est un grand costaud qui n'a pas son pareil pour donner des coups de pioche et de pelle quand il faut creuser une tranchée. Il a une pelletée à faire pâlir de jalousie un terrassier ! Nous ne sommes jamais plus de trois ou quatre pour une raison évidente de sécurité. Si un obus ou une grenade éclate dans cette tranchée, cela évite qu'il y ait trop de perte. Ce 10 juin 1944, dans la tranchée située juste à côté de la nôtre, à même pas deux mètres, dans un des champs de Bernard Saulnier, Lucien Fourer, qui est quartier-maître de seconde classe, comme moi, est mortellement touché, sans aucune blessure apparente. Robert Croizer est lui aussi fauché en pleine jeunesse par des éclats de mortier dans la tête, il a le crâne ouvert. Nous lui faisons un pansement avant de le mettre dans sa couverture. Crispin, grièvement blessé, est évacué. Le lieutenant André Bagot, qui n'était pas très loin au moment de l'explosion, et moi, nous n'avons jamais oublié cette vision de nos camarades morts dans cette tranchée près de la nôtre et avec qui nous avons débarqué, sur le sable de

Colleville-sur-Orne, quatre jours plus tôt. Ils avaient 24 ans et 23 ans et toute la vie devant eux. Un seul numéro de badge de commando nous séparait. Lucien était 99, je suis 98. Robert avait le 97… Je m'en sors miraculeusement. Je suis sonné par le bruit de l'explosion, choqué par la terrible image de mes camarades morts à mes côtés, mais je suis, Dieu merci, indemne. Nous les enterrons provisoirement, sans cérémonie officielle pour l'instant, de l'autre côté de la ferme de Bernard Saulnier. Cela m'arrive d'être de corvée d'enterrement. Moi qui n'aime déjà pas creuser en temps normal, je peux vous dire que, quand il s'agit de faire un trou pour mettre un copain, comme cela m'est arrivé pour Guy Laot, le 25 juin 1944, cela vous remue les tripes. Il avait 20 ans… En 1950, je suis revenu à Amfreville, pour me recueillir sur la tombe des copains. Je cherchais les sépultures quand j'entends une voix qui me dit : « Dépêchez-vous, Mme Laot, qui est venue se recueillir sur la tombe de son fils, vient de partir à Ranville, vous devriez la retrouver. » Mme Laot, je la connaissais bien quand j'étais en Afrique.

Le plus fort de la contre-attaque allemande a lieu à Bréville. Anglais et Allemands se tirent dessus quasiment à bout portant et ne se font pas de cadeaux. Quand vous entendez des gars, grièvement blessés, qui appellent leur mère, ça vous fait quelque chose. Mais nous sommes préparés et entraînés pour combattre dans des conditions difficiles. Les Allemands qui sont au bout du champ font finalement demi-tour.

Lord Lovat, en fin stratège, ordonne à la *troop* 1 de cesser le feu pour permettre la contre-attaque du commando numéro 3 depuis le château d'Amfreville. Pendant ce temps, avec la section K Gun, nous arrosons les positions allemandes. La 346e division d'infanterie allemande et des éléments de la 21e Panzerdivision sont bloqués. Les Allemands, pris à revers, sont piégés. L'arrivée des blindés anglais met un terme définitif à leurs velléités offensives. Les tirs de marine alliée, notamment avec le *Rodney* et le *Nelson*, terminent le travail... Les Allemands jettent l'éponge. Pour combien de temps ?

D'autres commandos sont tués ou blessés au cours de cette terrible journée du 10 juin 1944 : le matelot René Gersel, de la section K Gun, ne survit pas à ses blessures. Louis Begot est grièvement blessé au visage. Maxime Legrand et Jean Lebris sont eux aussi atteints et blessés à la tête. Comme bien souvent, dans leur tranchée.

Otto Zivolhava et Georges Scherrer débusquent un sniper allemand dans le clocher de l'église du Plain. Juste à temps, avant qu'il ne fasse un carnage dans nos rangs. Les Allemands tentent une nouvelle percée jusqu'à l'église d'Amfreville mais nous réussissons à les repousser une fois de plus.

La contre-attaque allemande, qui s'achève dans un indescriptible chaos, néanmoins en faveur des Alliés, n'est pas sans conséquence pour les civils d'Amfreville en plein cœur de la bataille, réfugiés dans les caves en attendant que cela se calme. Ou, pire, dans des tranchées ou des abris de fortune creusés à la hâte dans les jardins.

À propos des civils, il y a aussi l'incroyable histoire de Maurice Dolley, le boulanger d'Amfreville, et sa résurrection. En 1944, il a 19 ans. Originaire du pays d'Auge, il est réfractaire au STO. Ne portant pas spécialement l'Occupant dans son cœur, il commet quelques vols dans une unité allemande stationnée près de Crévecœur-en-Auge. Des bottes de soldats pour son frère et de l'essence pour les machines-outils de son père. Des petits larcins qui peuvent lui valoir de gros ennuis. Jusqu'au jour où il est convoqué à la mairie par les Allemands. Son patron lui conseille d'aller voir du côté d'Amfreville si l'air est meilleur. Il arrive en octobre 1943 où il trouve du travail dans la boulangerie située en face du cimetière. L'air est effectivement plus sain jusqu'au 10 juin, le jour de la grosse contre-attaque allemande. Maurice Dolley a découvert avec surprise que des Français combattent sous l'uniforme anglais. Maurice, qui a le même âge que nous, tisse des liens d'amitié. Sauf que des combats font rage dans les rues d'Amfreville, notamment près du cimetière. Maurice est aux premières loges et assiste à des assauts entre les Anglais et les Allemands, parfois au corps à corps à la baïonnette. Le lendemain du Débarquement, le jeune boulanger perd son père, fusillé par les Allemands à Bavent. Il est surpris alors qu'il remet des documents à un parachutiste. Si ce dernier est laissé en vie et capturé, le père de Maurice Dolley a beaucoup moins de chance : il est passé par les armes sans autre forme de procès. Maurice a même l'intention de nous rejoindre pour, dit-il « faire quelque chose ». Mais dans la matinée du 10 juin, son destin va basculer.

Alors qu'il est dans le *no man's land*, il est pris pour cible par un Allemand. Les Anglais lui font signe de se coucher et lui disent : « *Do not move* » (« Bouge pas »). Mais il est trop tard. L'Allemand lui demande d'approcher. Maurice obéit et approche à environ trois mètres. L'Allemand recharge froidement son arme, vise et tire. Maurice est atteint d'une balle en pleine tête et s'écroule. Une grenade est aussi balancée dans la tranchée où se trouvent une demi-douzaine de civils. Il n'y aura aucun survivant. Ils seront provisoirement enterrés dans un jardin quelques jours plus tard. Mais Maurice n'est pas mort. La balle a traversé la boîte crânienne mais n'a pas touché le cerveau. Il a perdu un œil, il ne peut pas parler et reste inanimé pendant trois jours. Un chien errant sur la dangereuse ligne de front s'approche du jeune boulanger. Il le connaît, c'est le chien du patron. Il lèche le sang et reste près de Maurice qui parvient à passer sa main dans le collier. Le chien réussit à le traîner. Des camarades commandos, dont Jean Laffont, qui est avec moi dans la *troop* 8, témoins de la scène, portent secours à Maurice. Il reçoit ses premiers soins à l'hôpital de campagne d'Amfreville. Il doit être transporté dans un hôpital anglais, mais en raison de son état jugé préoccupant, il est finalement dirigé sur l'hôpital de Bayeux. À Amfreville, ses vêtements couverts de terre et de sang sont changés pour un *battle-dress*, l'uniforme anglais. L'équipe médicale le prend pour un « Tommy ». Entre Amfreville et Bayeux, il est transfusé à plusieurs reprises. Opéré à Sully, entre Bayeux et Port-en-Bessin, on lui demande quelle est son unité d'origine. Avec son uniforme britannique, il a toutes les peines du monde à expliquer qu'il est en fait civil et boulanger à Amfreville et qu'il a été sauvé par des commandos français. À la fin août 1944, il rencontre par hasard son sauveur, Jean Laffont. Les commandos sont sur le chemin du retour pour l'Angleterre. Les deux hommes se perdront de vue. Ils se reverront près de quarante ans plus tard. En septembre 1944, Maurice est de retour à Amfreville. Des femmes perdent connaissance en le voyant. Un jeune homme, tué pendant les combats, a été enterré à Amfreville sous le nom de... Maurice Dolley. Le corps était difficilement identifiable et tout le monde pensait que c'était celui du jeune boulanger...

Impossible aussi d'évoquer Amfreville sans parler de Bernard Saulnier, enfant du village plongé dans le monde des adultes et surtout dans la guerre au mois de juin 1944. Notre ami Bernard, qui est de toutes les cérémonies après la guerre. Ses parents nous ont accueillis à bras ouverts. Leur ferme est devenue le quartier général du commando numéro 6 britannique du général Mills Roberts. Une plaque rappelle ce qui s'est passé ici en juin 1944. Le premier commando à entrer dans Amfreville est le numéro 3. Il est 11 heures du matin le 7 juin, et il est suivi par le numéro 6. Très vite, la grande ferme située sur la place du Plain est l'endroit idéal pour les commandos qui s'y installent, qui sont loin de se douter que cela va durer un peu plus longtemps que prévu. Mais comme dit le proverbe, le provisoire est parfois fait pour durer... La ferme est tenue par la famille Saulnier. Ils ont un fils, Bernard, qui a 21 ans. Bernard a essayé de rejoindre l'Angleterre en avril 1942, mais il n'a pas pu partir. Réfractaire au Service du travail obligatoire, il travaille dans la ferme de ses parents sous une fausse identité et avec des faux papiers fournis par la Résistance au nom de Bernard Vivier. Avant notre arrivée, les Saulnier sont aux premières loges lorsque les parachutistes de la 6e Airborne sont largués à l'est de l'Orne. Dans la nuit du 5 au 6 juin, comme beaucoup d'habitants du Calvados, inutile de préciser qu'ils n'ont pas fermé l'œil. Mais le 7 juin, le lendemain de notre arrivée, les habitants d'Amfreville pensent que l'heure de la libération est venue et qu'ils vont pouvoir mettre les drapeaux français et anglais aux fenêtres et faire sauter les bouchons des bouteilles de cidre bouché. Ils vont devoir patienter un peu… Les Allemands ne veulent pas plier bagage.

Dans l'après-midi du 7 juin, de violents accrochages ont lieu à Amfreville, notamment près du château. Bernard Saulnier perdra d'ailleurs deux amis, réfractaires au STO comme lui : Marcel Yvon et Maurice Lefen. Deux enfants du village fauchés par des obus de marine. Jusqu'au 28 juillet, ce sont surtout les Anglais du numéro 6 commando qui s'installent dans la ferme Saulnier. Nous, nous sommes dans l'exploitation agricole située à côté mais nous allons régulièrement chez Bernard. Tous les soirs, à 19 heures, il est le seul civil à assister aux réunions de l'état-major. Il n'en perd pas une miette, à la fois heureux de respirer ce vent de liberté retrouvée qui commence à souffler sur la Normandie, mais aussi conscient d'être dans le nerf de la guerre. Rapidement, un réfectoire, une infirmerie, des dortoirs, une cuisine et une morgue sont installés dans les dépendances de la ferme. Au moment de notre départ, après plusieurs semaines, le puits de la ferme est quasiment à sec. Je me souviens très bien de la pompe à bras qui avait été installée au-dessus. Il y a souvent du monde pour prendre de l'eau.

Dès le 7 juin, les patrouilles sont notre lot quotidien. Bernard Saulnier a rapidement enfilé un uniforme anglais. Pour une bonne raison : s'il est capturé en civil dans les lignes allemandes avec des Anglais ou des Français, c'est le peloton d'exécution assuré. Tous les matins, Bernard assiste au rassemblement dans la cour de la ferme, avec les hommes en rang, rasés de près, les armes nettoyées. Prêts à partir au combat. « C'est magnifique », nous disait-il avec des étoiles dans les yeux. Connaissant le terrain comme sa poche, Bernard nous accompagne parfois pendant les patrouilles. S'il n'est pas militaire de formation, il n'est pas dénué de bon sens. Régulièrement, les Allemands, qui viennent de Bréville, passent par un champ de seigle, suffisamment haut à cette époque de l'année pour les dissimuler. Ils se fraient un passage et s'approchent de nos lignes sans se faire repérer. Puis ils balancent des grenades dans nos tranchées, avec à chaque fois des tués ou des blessés. Bernard nous propose, à André Bagot et à moi, de faucher le champ sur une vingtaine de mètres de large et une centaine de long. Nous le protégeons avec nos armes automatiques et il peut faire place nette. Mills Robert lui demande de faire la même chose chez les Anglais qui ont eux aussi des visiteurs indésirables. Chez les Anglais, il monte une faucheuse à l'arrière d'une jeep. Le 10 juin, la ferme de Bernard est au cœur de la violente contre-attaque allemande. Les civils paient un lourd tribut. Vingt-trois d'entre eux, venant de Bréville, sont massacrés au hameau des Moutiers. Bernard Saulnier, parti à la recherche des victimes, découvrira que des amis d'enfance ont été tués. Quand les commandos anglais quittent Amfreville à la fin du mois de juillet 1944, Bernard Saulnier décide de les suivre. Chauffeur puis agent de liaison, versé ensuite dans l'armée américaine, il participe aux combats de la poche de Saint-Nazaire. Il est démobilisé à la fin de l'année 1945. Bernard, après la guerre, ne rate pas une cérémonie, je me souviens de nos émouvantes retrouvailles dans la ferme d'Amfreville.

Malgré leur offensive avortée, les Allemands ne s'avouent pas vaincus. Ils n'ont pas repris le Plain mais s'accrochent toujours à l'est de l'estuaire de l'Orne. Le 11 juin, la *troop* 1 est attaquée par une cinquantaine d'Allemands depuis la Basse Ecarde. L'ennemi arrose nos positions à coups de mortier. Nous perdons encore six commandos dans ce violent échange. Pierre Vinat est tué, cinq autres sont blessés : Félix Magy et René Lossec seront évacués ; Roland Gabriel, Fernand Garrabos et Henri Richemont sont pris en charge sur place.

Quelques camarades nous rejoignent en cours de route, avec parfois des parcours incroyables. Comme celui-ci. Le 6 juin, la mort dans l'âme, un commando est aux arrêts pour une broutille à la caserne Bir-Hakeim, à Emsworth, près de Portsmouth. Alors qu'il apprend que le Débarquement a commencé, il veut à tout prix nous rejoindre. Il parvient à sortir de sa cellule puis se dissimule dans un camion anglais chargé d'apporter le ravitaillement sur le front de Normandie. Caché dans le noir pendant la traversée de la Manche, il comprend que le navire est enfin arrivé à bon port. Il sort de son camion et finit par nous retrouver, le 11 juin, à Amfreville. Il sera blessé lors de l'attaque à la baïonnette dans le bois de L'Épine, que j'évoque un peu plus loin.

Le 12 juin 1944, Robert Boulanger, que l'on surnomme « la Boulange », et moi, nous repérons un camion allemand abandonné à Bréville, près d'un lavoir où des femmes viennent laver le linge de temps en temps. Pour la petite histoire, sur la célèbre photo de la *troop* 8, prise le 14 juillet 1943 à Achnaccary, Robert est à côté de moi, à ma gauche. On veut récupérer le camion et le ramener dans nos lignes. En essayant de le faire démarrer, on s'aperçoit qu'il n'a plus d'essence. Plus une goutte, la panne sèche. Les Allemands commencent déjà à avoir des problèmes de ravitaillement. Ça ne s'est pas arrangé par la suite. Le bruit du démarreur attire l'attention des Anglais qui nous confondent avec des Allemands et nous allument. Nous ne demandons pas notre reste.

Si leur contre-attaque a été avortée, les Allemands ne perdent pas de terrain. Ils nous harcèlent jour et nuit à coups de mortier. Nous sommes parfois survolés par des avions de la Luftwaffe qui lâchent des bombes. Ce qui ne nous empêche pas, la nuit tombée, de rendre visite à l'ennemi. Dans la plus totale discrétion.

Le 24 juin, Guy Laot, un autre camarade de la *troop* 8, tombe en rentrant de patrouille à Amfreville. Il ne doit pas être de cette mission mais il ne veut pas en rater une. Il insiste et part dans les lignes ennemies… Guy Laot décède le lendemain. Il avait 20 ans et avait rejoint les rangs de la France libre tout juste sorti de l'adolescence. Je me souviens très bien de sa mère, elle a d'ailleurs été ma marraine de guerre pendant un temps. Elle tenait l'hôtel de France à Pointe-Noire, au Congo. Quand nous étions en Afrique, des shorts anglais nous avaient été donnés dans notre équipement. Ils descendaient en dessous du genou. Nous les avions coupés pour les ajuster, à la « française ». La mère de Guy nous avait fait les ourlets.

Début juillet, le lieutenant Hubert Faure est touché par un éclat d'obus. Sa blessure s'infecte. Le 7, il doit être évacué vers un hôpital anglais. Il réintègre le commando le 15 août. Hubert Faure est décédé le 17 avril 2021, à l'âge de 106 ans. Il était l'avant-dernier survivant du commando Kieffer. Hubert, j'ai eu le bonheur de le retrouver au Cameroun une dizaine d'années après la guerre.

Nous effectuons de nombreuses patrouilles, appelées *fighting patrols*. Il y a aussi les *standings patrols*, avec des guetteurs solitaires en observation au plus près des lignes allemandes. Ils décrochent le matin pour revenir dans leurs lignes. Le plus discrètement possible. Nous partons à chaque fois sans papier d'identité ni cartes. Les patrouilles vont se succéder pendant plus d'un mois. Nous sommes parfois une centaine à nous introduire dans les lignes ennemies, Français et Anglais. Nous nous enfonçons parfois à trois ou quatre kilomètres. Dans son livre, *Béret vert*, Philippe Kieffer rappelle fort justement que « nous préférons cent fois tomber dans ces randonnées de nuit plutôt que de figurer parmi les cinq ou six tués ou blessés quotidiens sous l'effet de l'artillerie adverse, reclus dans nos tranchées. Dans la brigade, les patrouilles de nuit deviennent une sorte de compétition pour le commando. Spécialiste du combat dans l'obscurité, dès le crépuscule, il trouve un développement extraordinaire de tous ses sens. L'Allemand, au contraire, craint la nuit et déteste se battre contre ces hommes au visage maquillé de noir qui arrivent toujours par où on ne les attend pas. Ces sortes d'expéditions rappellent au commando sa raison d'être[1] ».

Ces raids nocturnes surprennent à chaque fois les Allemands. En supériorité numérique dans la réalité, ils pensent avoir à affaire à un adversaire plus nombreux qu'eux. Ce qui est loin d'être le cas. Comme cette nuit, où une patrouille conduite par Otto Zivolhava se heurte à une violente riposte. Les Allemands essuient des pertes importantes. Les commandos franco-anglais, malgré

1. Philippe Kieffer, *Les Bérets verts français du 6 juin 1944*, Paris, France Empire, 1951.

quelques blessés légers, rentrent intacts. Cela ne se passe hélas pas toujours comme cela.

Quelques jours plus tard, une patrouille de deux de nos hommes est prise sous le feu de l'ennemi. Ils sont touchés. André Maler, blessé à la main, peut se replier. Georges Gicquel, blessé au ventre, ne parvient pas à faire demi-tour et tombe aux mains des Allemands. Une section complète, emmenée par Otto Zivolhava, revient sur les lieux du drame pour récupérer notre camarade. En vain... Diminué par sa blessure, Gicquel est capturé par les Allemands. Nous retrouverons son corps, pendu à un arbre, quelques jours plus tard, criblé de balles. Guy de Montlaur le dépendra et restera très marqué, comme nous, par cette tragédie. Jusqu'à ce tragique épisode, depuis le 6 juin, aucun commando français n'avait été capturé et aucun blessé n'avait été abandonné dans les lignes ennemies. Georges est le seul.

Le 19 juin, le lieutenant Littlejohn, du 4e commando, part en patrouille en début d'après-midi. Son histoire tient du miracle... Avec le sergent Graham, sa mission est de repérer un passage dans les lignes ennemies. Mais le secteur est dangereux. Les deux hommes passent la nuit dans le *no man's land*. Ils se cachent dans un fossé, au pied des lignes allemandes. Le lieutenant rampe vers les positions adverses, jusqu'au moment où il décide de rentrer en se disant qu'il est inutile d'aller plus loin, les défenses allemandes sont infranchissables. Seul problème, Littlejohn est tellement prêt qu'il se retrouve avec un fusil braqué sur lui, quasiment à bout touchant. Il lance une grenade en se jetant en arrière, mais il est atteint par une balle dans la jambe. Son collègue, le sergent anglais, est abattu en pleine course par une rafale de mitrailleuse alors qu'il s'enfuit. Littlejohn décide de ne plus bouger et de faire le mort. Son chemin de croix commence. Une heure plus tard, il entend une patrouille allemande arriver. Un des hommes tire dans sa direction… et le manque. Il continue de faire le mort. Les Allemands avancent à pas de loup vers lui. L'un d'eux le retourne et lui donne un coup de baïonnette dans l'épaule pour vérifier s'il est bien mort. Littlejohn continue de faire croire qu'il a passé l'arme à gauche ! Les Allemands partent puis reviennent pour fouiller ce qu'ils pensent être le cadavre d'un soldat anglais. Ils lui prennent même des effets personnels, sa montre, sa boussole, ses jumelles, et ses bottes, avant de le laisser au milieu du chemin. Le lieutenant Littlejohn, mort de soif et au bord de l'agonie, vit un enfer. Quand la nuit tombe enfin, il commence son incroyable retour vers les lignes du 4e commando. Un calvaire de plus d'un kilomètre, à travers champs, effectué en rampant ou en boitant.

Quatre jours plus tôt, le 10 juillet, nous avons reçu un invité de marque : l'amiral d'Argenlieu nous a rendu visite en première ligne. En bon voisin, il a respecté une tradition normande : ne pas venir les mains vides. Il a fait livrer un tonneau de vin rouge. De quoi améliorer l'ordinaire constitué de boîtes de conserve sorties des caisses de ration.

Le 14 juin, le général de Gaulle passe par Courseulles et Bayeux mais il ne rencontre pas les commandos. La France libre nous envoie néanmoins son amiral qui nous est fidèle depuis ses visites à Eastbourne avant le Débarquement.

Le 7 juillet, le numéro 4 commando reçoit l'ordre d'aller taquiner les positions allemandes à Bréville. Ce qui ne nous emballe pas plus que cela. Le secteur est plutôt mal fréquenté. À coups de rafale de MG 42 et d'obus de mortier, les Allemands ne perdent pas une occasion de nous rappeler à leur bon souvenir. À l'entrée du village, une odeur nauséabonde nous accueille. Une vache est étalée sur le dos, survolée par un essaim de mouches venues au festin ! Mais il n'y a pas que les mouches. Nous sommes régulièrement attaqués par des… moustiques. Ils pullulent depuis que les Allemands ont inondé les marais de la Dives. Au coucher du soleil, l'heure à laquelle ils passent généralement à l'offensive, nous apercevons des nuages de moustiques au-dessus des arbres. Un jour, pour s'en débarrasser, des camarades aspergent d'essence l'intérieur d'une tranchée croyant avoir affaire à un insecticide efficace. Sauf que l'un d'entre eux, ne se souvenant plus qu'il y a du carburant, craque une allumette. Les vapeurs d'essence explosent, brûlant les deux hommes. Un des commandos doit être envoyé à l'infirmerie. Quelques jours plus tard, un de mes camarades se fait littéralement dévorer en pleine nuit. Ses mains et son visage sont tellement gonflés qu'il doit lui aussi être renvoyé sur l'arrière pour être soigné. Les moustiques font deux victimes chez nous. Il ne reste plus qu'à espérer qu'ils se comportent de la même manière chez l'ennemi. Ce que nous ne doutons pas… Lorsque notre commando arrive à Bréville, un agent de liaison des paras de la 6e Airborne nous attend et nous lance, en évoquant les animaux morts dans les champs : « Ça ne sent pas la rose mais vous allez vous y faire… » Les deux *troops* françaises prennent position dans le bas de Bréville. L'état-major du numéro 4 prend ses quartiers dans une des rares maisons du village restées intactes. À part quelques salves tirées vers 17 heures, les Allemands semblent moins hargneux.

Dès que nous pouvons, en chemise, dans une cour de ferme, nous lavons nos *battle-dress* qui en ont souvent bien besoin après une garde au fond de nos tranchées souvent humides. Puis nous les faisons sécher comme nous le pouvons. Mais quand un bombardement se rapproche, nous les remettons mouillés. Un marin doit s'adapter à toutes les situations…

Le 14 juillet, une cérémonie pour la fête nationale est organisée pour inaugurer le monument d'Amfreville. Il est dédié à la mémoire des officiers et des hommes de la 1st Special Service Brigade qui ont perdu la vie depuis le Débarquement. Notre aumônier, l'abbé de Naurois, est présent, ainsi que le curé du village. Le drapeau de notre unité flotte avec notre pavillon national et celui des Anglais, l'Union Jack. Un ancien de 1914-1918 porte le drapeau de la commune. Avec le recul, je me dis que c'est assez osé : les Allemands sont à quelques centaines de mètres, à Bréville. Cette cérémonie organisée sur la partie en herbe située près de l'église est un véritable défi lancé aux Allemands. Histoire de leur dire : vous êtes foutus… Tout le village est présent, réuni autour de son maire. Je ne participe pas à cet événement inaugural du premier monument commémoratif en Normandie. Je suis dans ma tranchée. Il faut bien quelqu'un pour garder le secteur et protéger ce moment important. J'apprends plus tard que les Allemands ne sont qu'à 300 mètres.

Notre commandant a retrouvé son unité la veille. Il est rentré en avion. En fin de matinée, une jeep conduite par un chauffeur anglais, que l'on surnomme « Jock », s'arrête devant le poste de commandement du 1er bataillon de fusiliers marins commandos. Il est accueilli par Alexandre Lofi qui lui a succédé au commandement. Après le salut militaire, le « coup de raquette » réglementaire, comme on dit dans la marine, les deux hommes se serrent chaleureusement la main. « Tout va bien ? » demande Philippe Kieffer, remis sur pied après trois semaines de convalescence. « Oui commandant, répond Alex, à part les moustiques qui nous embêtent un peu… »

Le 16, dans les carrières des Écardes, le général Montgomery, le vainqueur de Rommel, remet à Philippe Kieffer la Military Cross, prestigieuse décoration anglaise. La BBC évoquera d'ailleurs cette cérémonie dans une émission intitulée « Quart d'heure français de midi ». Des camarades, en convalescence ou soignés à Londres, écouteront cette émission avec une légitime émotion et un pincement au cœur en regrettant de ne pas être présents. Certains se reconnaissent même si, par sécurité, aucun nom n'est donné !

Le 27 juillet nous quittons enfin les secteurs d'Amfreville et Bréville, nous sommes relevés par des troupes fraîches, certains sont nouvellement badgés commando.

Le dernier jour du mois de juillet, le numéro 4 commando doit faire mouvement et prendre position à la lisière du bois de Bavent. Nous nous mettons en route en pleine nuit avec nos sacs et nos armes individuelles. Dans le plus grand silence, nous atteignons notre objectif. Même si on ne s'attend pas à être accueillis par un maître d'hôtel pour transporter nos paquetages jusqu'à nos chambres, rien n'est prêt. Nous devons reprendre nos pelles et nos pioches pour creuser des trous individuels et des tranchées de trois ou quatre personnes. Pendant ces travaux de terrassement, Paul Chouteau et Roger Spinetta, qui a rejoint le commando par ses propres moyens à Amfreville, trouvent un grand tonneau. À cidre ou de calva, on n'a jamais su. « On va l'enterrer pour faire un abri confortable ! » lance Spinetta. Ni une ni deux, les deux commandos creusent avec entrain. Ils passent la nuit, au sec, sur un confortable matelas de paille posé au fond du tonneau. Sauf que le réveil est difficile pour mes deux camarades, quelque peu anesthésiés, bien malgré eux, par les vapeurs d'alcool qui imprègnent le bois de leur abri de fortune ! La fameuse part des anges !

Le 7 août, nous en sommes à notre soixante-troisième jour en première ligne. Notre *troop*, la 8, qui n'a perdu qu'un seul homme le 6 juin, Jean Letang, a payé un lourd tribut à la bataille de Normandie. Sur les quatre-vingt-cinq que nous étions au départ, nous avons perdu plus de la moitié de l'effectif. Nous ne sommes plus que quarante en état de combattre. Philippe Kieffer a alors une idée : recruter !

Notre patron apprend que des jeunes Normands seraient volontaires pour nous rejoindre. Quelle bonne idée, à un moment où les effectifs se réduisent comme peau de chagrin ! Bayeux, libérée rapidement par les Anglais le 7 juin, prête une salle de la mairie pour organiser une réunion d'information. Un Service d'information et de relations publiques des armées (Sirpa) avant l'heure. Accompagné de Jacques Guyader, un second-maître originaire du Havre, le pacha se rend dans la capitale du Bessin pour son opération de recrutement. Devant plusieurs jeunes d'une vingtaine d'années, il explique le fonctionnement du commando, et les risques aussi. En témoignent nos impressionnantes pertes depuis le 6 juin. Jacques, équipé de neuf, impeccable, les cuivres de son uniforme et les chaussures astiqués, est en retrait dans une salle. Jusqu'au moment où Philippe Kieffer lui demande d'entrer, histoire d'impressionner les futurs volontaires. Qui ne seront finalement pas si nombreux que cela : seulement quatre semblent intéressés. Mais, pour cette histoire bayeusaine, le commando connaît cent pour cent de pertes. Le premier est réformé pour raisons médicales. Le deuxième demande une permission exceptionnelle pour dire au revoir à sa mère, on ne l'a jamais revu. Le troisième a déserté en cours de route. Quant au quatrième, au départ nous avons cru qu'il avait fui devant l'ennemi. Mais sa mort restera mystérieuse. Les Allemands auraient retrouvé son corps pendu à un pommier.

À la mi-août 1944, je tombe malade pendant quelques jours. Je suis en première ligne lorsque j'ai une forte poussée de fièvre. Je ne sais pas ce que j'ai précisément. Après de nombreux jours dans nos tranchées humides, il n'y a rien d'étonnant. Le mercure grimpe dans le thermomètre. Le toubib m'envoie au repos dans un hôpital de campagne tenu par des Anglais. J'ai aussi une petite blessure. Remis rapidement sur pied, je reviens en première ligne quelques jours plus tard. Prêt pour assister à la déroute allemande que je ne veux rater pour rien au monde !

8

# Le front cède enfin

À la mi-août, le bois de Bavent est notre nouvel objectif. Le secteur est piégé avec des mines antipersonnelles et des *boobies traps*, un engin artisanal constitué par un fil tendu à une douzaine de centimètres du sol. Malheur à celui qui se prend les pieds dans le fil qui dégoupille les cuillères de deux grenades et déclenche l'infernal mécanisme. Outre des patrouilles, les Allemands arrosent avec leurs redoutables obus de 88 millimètres et de mortier. Le secteur paraît calme, loin de l'enfer du 10 juin, mais nous avons des blessés tous les jours. Comme André Bagot, notre chef de section. Blessé à la mâchoire par un éclat d'obus de mortier, il doit être évacué à son tour. Les démineurs entrent en action, mais le coin reste malsain.

Le 16 août, l'attaque sur Bavent est ordonnée. Selon les services de renseignement de l'armée anglaise, les Allemands seraient en train de plier bagage. Il n'est pas trop tôt ! Nous nous mettons en marche à 3 heures du matin. Nous avançons prudemment par petits groupes de deux ou trois, pas plus. Le village a beaucoup souffert au cours des précédents combats. En témoignent des maisons éventrées qui livrent leur intimité, avec des lits défaits comme si leurs occupants venaient tout juste de partir et des armoires grandes ouvertes sur des draps, des couvertures ou des vêtements encore soigneusement pliés. Le village est pris sans quasiment tirer un coup de feu. Il ne fait plus l'ombre d'un doute que la 7e armée allemande est en déroute. La preuve avec cette scène surréaliste qui se déroule dans une étable au lever du jour. Nous apercevons des formes blanches. Nous approchons à pas de loup et découvrons quatre soldats allemands en… sous-vêtements blancs. Les mains en l'air, ils nous supplient : « *Bitte, bitte*… » (« S'il vous plaît… »). Se mettre en sous-vêtement est le seul moyen pour eux de nous montrer que nous n'avons rien à craindre. Ils se sont réfugiés ici pendant l'évacuation du village. Espérant enfin être prisonniers pour en finir avec cette guerre. Un peu plus loin, une maison vide – les habitants du village ont été évacués – est moins endommagée que les autres. Nous entrons pour vérifier qu'il ne reste pas un sniper fanatique, prêt à nous tirer dessus sans aucune pitié. Il n'y a pas de tireur d'élite de la Wehrmacht, mais une bouteille et une lettre en anglais signée d'un officier allemand. « Messieurs, en quittant ce sale trou, je vous souhaite un séjour aussi perturbé par les moustiques que nous. Cette bouteille vous est destinée. Trinquez à ma santé… » Un lieutenant anglais qui nous accompagne nous prévient : « N'y touchez pas, elle est peut-être empoisonnée ! » Un second-maître du commando, chef de section, qui n'a pas entendu l'avertissement de l'officier anglais, se pointe dans la pièce. D'un geste, il s'empare de la bouteille, la hume, et se jette une belle rasade ! Avant de décréter : « Ce calvados est excellent, vous devriez le goûter ! » Méfiants, nous n'avons pas suivi son conseil. Notre sous-officier n'a pas été malade…

Le piège se referme visiblement sur ceux qui commencent à être encerclés dans la poche de Falaise. Les autres, ceux qui étaient en face de nous, n'ont plus qu'un objectif : franchir la Seine. Avec la chaleur de la mi-août et l'humidité, les terres inondées sont toujours remplies de moustiques. Les Allemands commencent à cavaler, mais pas tous. Dans l'après-midi du 17 août, nous sommes réunis, dans la cour d'une belle propriété surplombant la vallée de la Dives, autour de la pompe à eau pour nous rafraîchir et faire un peu de toilette. Nous entendons subitement le sifflement caractéristique d'obus de 88 millimètres. Une infernale mélodie qui nous est hélas familière depuis plus de deux mois. Des Allemands nous ont repérés depuis la vallée de la Dives. Outre plusieurs blessés dans nos rangs, un obus fait du dégât. Il touche de plein fouet un véhicule caché sous les arbres. Une jeep prend feu, puis son réservoir explose. Deux Anglais sont tués.

Nous continuons à faire de nombreux prisonniers. Certains, qui ont vécu le front de l'Est, et notamment Stalingrad, confient que la campagne de Russie n'a rien à envier aux combats de la bataille de Normandie. Nous les croyons sur parole…

Le 18 août, nous essuyons des tirs avec vraisemblablement une arme nouvelle expérimentée chez les Allemands : des bombes à l'air liquide. Il n'y a pas d'explosion, plutôt un curieux bruit de succion. Nous avons six blessés. Ils ne saignent pas mais ils souffrent et n'ont plus de forces. Il est vraiment temps que cela s'arrête.

Philippe Kieffer a l'intention de prendre les Allemands à revers. Le 19 août en fin d'après-midi, une information nous parvient : l'ennemi est très proche. Nous sortons d'une zone inondée et prenons nos repas dans un village en ruines. La fatigue se fait sentir. Chacun se demande où peuvent bien être passés les Allemands. Nous n'allons pas tarder à le savoir… À 500 mètres environ de la ferme de L'Épine, le commandant marche avec notre *troop* sous les ordres d'Alexandre Lofi. Nous sommes environ soixante-dix. À 22 heures, nous recevons l'ordre de nous préparer pour attaquer les lignes allemandes. Deux éclaireurs sont envoyés de notre *troop* pour savoir où sont les postes avancés allemands. À leur retour, après minuit, ils sont porteurs de bonnes nouvelles : l'ennemi est au repos dans ses tranchées. À 02 h 30 du matin, nous profitons de l'effet de surprise. Pas tant que ça finalement, quand nous arrivons dans ses lignes, l'ennemi est déjà parti. A-t-il été prévenu de notre arrivée ? Toujours est-il qu'il a décampé sans traîner. Dans sa précipitation, il abandonne des armes, notamment des mortiers et des obus. Nous pensons être maîtres du terrain, à tort... Soudain, des tirs déchirent la nuit et nous prennent à partie. Tout en nous repliant sur les hauteurs de L'Épine, nous répliquons. L'échange dure une vingtaine de minutes. Philippe Kieffer décide d'envoyer une section baïonnette au canon près de la ferme de L'Épine. Elle est conduite par Paul Chausse et j'en fais partie. Les lignes ennemies sont enfoncées. Depuis le 6 juin nous sommes habitués à l'épreuve du feu mais je peux vous assurer que monter à l'assaut, baïonnette au canon, en pleine nuit, c'est impressionnant. Un lieutenant allemand, venant d'on ne sait où, surgit devant nous. Il n'a visiblement pas l'intention de se rendre. Paul Chausse a juste le temps de le mettre hors d'état de nuire. Nous sommes onze pour cette attaque avec Paul. Une quarantaine d'Allemands se rendent, les mains en l'air. Ils n'en mènent pas large. Ils sont ensuite rassurés quand ils comprennent que l'on ne va pas leur faire de mal. Sauf un très excité. Légèrement blessé, il hurle en anglais : « Je veux parler à votre chef ! Où est votre chef ! » « Que voulez-vous ? » demande Philippe Kieffer dans la même langue que lui. « Je veux voir l'officier qui commande ! » « C'est moi », répond notre pacha. « Vous êtes anglais ? » « Non, français... » La réponse agace encore plus l'Allemand. « Je ne veux pas me rendre à un Français. » Stoïque, Philippe Kieffer réplique qu'il n'y peut rien. « Jamais ! » hurle le *Feldgrau*. D'un geste de la main, le commandant fait signe à un commando d'emmener cet homme qui, commence à nous fatiguer sérieusement, avec les autres prisonniers.

Il demande également à l'infirmier de le soigner. Cette attaque à la baïonnette à L'Épine me vaudra une citation à l'ordre du corps d'armée signée par l'amiral d'Argenlieu[1]. Lors de cet assaut, huit blessés sont à dénombrer dans nos rangs, dont Otto Zivolhava, touché à l'épaule, « une blessure de cinéma, comme dans les westerns », dira-t-il avec humour. L'ordonnance du colonel Dawson est mortellement blessée dans l'assaut. Une centaine de prisonniers allemands sont réunis dans un champ, lorsque soudain, une douzaine d'engins explosifs tombent sur les commandos. Quelques prisonniers sont tués sur le coup, six nouveaux blessés de notre unité sont envoyés à l'infirmerie.

Nous essuyons aussi des tirs d'une arme appelée « orgue de Staline ». Nous n'avons pas de blessés mais c'est très impressionnant, voire démoralisant avec ce bruit étrange, un peu comme un sifflement infernal. Ce lance-roquettes multiples est plutôt destiné à faire un tir de barrage, et, Dieu merci, pas toujours très précis.

Les Allemands, qui tirent leurs dernières cartouches, abandonnent leurs positions et se replient vers la Seine. Ils nous ont généreusement laissé leurs tranchées que nous pouvons occuper sans nous donner la peine de creuser. Pour une fois… Mais cela ne nous est pas d'une grande utilité, il faut partir vers l'est. Les Allemands ont laissé des tracts écrits en anglais que nous ramassons. À défaut de nous envoyer des balles et des obus, ils essaient maintenant de nous saper le moral. On peut notamment lire : « Pendant combien de temps

1. Lire en annexe.

pourrez-vous continuer cette folle invasion dans ces conditions ? » Mais tout le temps qu'il faudra, dit un de mes camarades tout en pliant le tract pour le ranger dans une des poches de son *battle-dress*. En ajoutant : « Ça fera toujours un souvenir… » Je rappelle au passage qu'avant d'embarquer, dans le message qui nous a été remis, le maréchal Montgomery nous a souhaité « bonne chasse en Europe… ».

Le lendemain, nous marchons vers Dozulé. Les bruits des accrochages entre les paras de la 6e Airborne et ce qui reste de la 7e armée allemande parviennent jusqu'à nous depuis Putot-en-Auge. Mais l'ordre nous est donné de progresser vers le pays d'Auge. Nous sommes dépassés par des blindés et des camions chargés de troupes. Certains sont arrivés début août et constituent la relève dont nous avons bien besoin. Nous pouvons enfin monter dans les camions qui nous emmènent jusqu'à Pont-L'Évêque. Les chauffeurs ont l'extrême bonté de nous déposer à l'entrée de la ville. Nous avons parcouru une bonne vingtaine de kilomètres sur roues. Ce qui nous change…

Quand nous arrivons à Pont-l'Évêque, le 24 août, la moitié de la ville est détruite. Les Allemands, sachant la ville perdue, ont mis le feu avant de partir. Des pans de maisons ont été systématiquement incendiés avec des grenades au phosphore. Dans quel intérêt ? Je me pose encore la question. Comme dans beaucoup de villes détruites en Normandie, le clocher de l'église est encore debout près du pont qui enjambe la rivière. Des pompiers et des équipes d'urgence tentent de circonscrire l'incendie. En vain. Les ponts, ceux qui enjambent la Calonne et la Touques, les deux rivières qui traversent la ville, sont détruits. Ce qui ne nous empêche pas de franchir ces cours d'eau avec les pierres et les gravats tombés dans le lit asséché en cette période de l'année.

Des sapeurs du génie commencent à installer des ponts provisoires pour permettre aux véhicules de passer de l'autre côté de la rive. La ville à peine libérée, des habitants – j'apprendrai plus tard qu'on les appelle des Pontépiscopiens – ne perdent pas de temps. Ils sont déjà au bistrot. Pour fêter ça, sans doute ! Nous ne nous laissons pas distraire par cette ambiance de fête. L'arme à la bretelle, nous sommes aux aguets dans la ville.

Nous avons eu trop de mauvaises surprises avec les snipers isolés pour savoir qu'en temps de guerre, on n'est jamais trop prudent. La fatigue se fait sérieusement sentir. Des camarades blessés ne peuvent plus continuer. Ils sont envoyés sur l'arrière pour être soignés. Nous sauvons aussi un capitaine des commandos anglais, Brian Hilton-John, grièvement blessé dans les combats pour la libération de la ville. Les Allemands ne sont pas loin, nous entendons parfois un crépitement de mitraillette, mais nous ne sommes plus au contact. Jusqu'au moment où l'opérateur radio reçoit un message nous prévenant que des blindés allemands, échappés de la poche de Falaise, sont en approche. Ordre est donné de nous enterrer à nouveau et de creuser des tranchées. La tâche ingrate est vite exécutée, il faut dire que nous avons un certain savoir-faire en la matière… Mais les tanks allemands prennent une autre route. Ouf. Nous quittons

Pont-l'Évêque qui rejoint la trop longue liste des villes martyres de Normandie. Il est 18 heures, nous recevons l'ordre de reprendre nos sacs. Du fond de nos tranchées à Amfreville, nous nous morfondions en nous disant : « Quand allons-nous être de nouveau en mouvement ? » Nous avons été entraînés et formés pour cela et, en cette fin août 1944, nous ne sommes pas déçus !

À la tombée de la nuit, nous prenons la direction de l'Eure. Cap sur Beuzeville. Les Allemands sont en déroute mais le danger est toujours présent. Vers 2 heures du matin, Étienne Bougrain, notre radio de la *troop* 8, né au Caire, lâche : « Soit ça va trop vite, soit on se traîne. Vous ne trouvez pas, les gars, que c'est une drôle de guerre ? » Et de se poser la question : « Comment ça va se passer après la guerre ? Pensez-vous qu'on va nous laisser tomber? Nous, on marchera jusqu'au bout pour des planqués qui sont en train, en voiture, pour arriver avant nous et qui vont tirer les marrons du feu sans se brûler les pattes, vous verrez ! » Étienne n'a pas tout à fait tort dans cette chaude nuit du 24 au 25 août 1944, portant à des réflexions philosophiques…

À la radio, nous apprenons la libération de Paris par des Français, la 2e division blindée du général Leclerc, laquelle regroupe un régiment de fusiliers marins, dont l'acteur Jean Gabin.

Dans le début de la matinée du 27 août, nous sommes à Beuzeville, accueillis en libérateurs par les civils et des résistants, avec le brassard FFI au bras. Ils nous informent que des Allemands sont planqués dans un tunnel ferroviaire. Ils veulent visiblement se rendre. Ce qu'ils font aux Belges ou aux Anglais, mais en tout cas ce n'est pas auprès de nous. Puis nous prenons la direction de Saint-Maclou, tout près de Beuzeville. Cette petite ville de l'Eure, située aux portes du pays d'Auge, devient notre cantonnement pendant quelques jours. Des tentes nous sont livrées. Certes, ce n'est pas encore le grand luxe, mais nous dormons enfin au sec et à l'abri. Confort suprême, nous pouvons retirer nos chaussures pour dormir. La veille, nous avons pu piquer un joli roupillon dans de la paille fraîche et sèche. Avec les grands baquets d'eau pour nous laver, nous avions un peu l'impression d'être dans le plus bel hôtel que nous ayons eu depuis un bon bout de temps ! Quand vous vivez à la dure, dans des conditions extrêmes de rusticité, vous appréciez la moindre chose. Même un simple verre d'eau fraîche après un effort intense. Nous donnons également un peu de nourriture provenant de nos rations aux habitants qui se sont serré la ceinture pendant quatre longues années et qui n'ont pas toujours mangé à leur faim. Concernant les vivres, nous n'avons jamais manqué de rien. Nous touchons toujours le ravitaillement pour seize, l'équivalent d'une section. Or, au fil des jours, avec les blessés retirés sur l'arrière, nous ne sommes plus que neuf. Alors, on donne ce qui nous reste aux gens qui n'ont pas évacué le secteur. En échange, ils nous offrent parfois des œufs. Je leur propose mon bacon enroulé dans du gras, je n'aime pas trop cela. Quand il nous reste du fromage, on le leur refile aussi. Les gens sont contents… Quelques jours plus tôt, avant de nous mettre en route pour le pays d'Auge, j'entre dans la maison située au fond d'une cour de ferme de l'autre côté de la place à Amfreville. Des paysans ont tué un cochon et sont attablés devant de magnifiques côtelettes et des bouteilles de cidre. Je les regarde en me disant : est-ce qu'ils vont m'en donner une ? S'ils ne me donnent pas au moins une côtelette, la prochaine fois, ils repasseront pour les conserves des rations que je leur apporte presque quotidiennement. Finalement, devant mon regard suppliant, l'un d'eux lâche, peut-être à contrecœur, je ne le saurai jamais : « Vous voulez peut-être une côtelette ? » Je ne me fais pas prier. Je lui réponds : « Pourquoi pas, si vous avez du rab ! » Je repars finalement avec deux ou trois belles pièces, je ne sais plus trop. Toujours est-il que je repère un rang d'oignons dans un jardin. Je les déterre, puis les découpe avant de les faire cuire sur une belle braise. Au même moment arrive le père de Naurois. L'aumônier du bataillon a sans doute été attiré par l'odorante fumée qui se dégage de la côtelette en train de griller. Je revois encore son uniforme empesé du sang des blessés, il aurait pu tenir debout ! Il vient d'apporter son aide aux infirmiers, tant sur le plan médical que psychologique, pour réconforter les blessés du commando. L'abbé de Naurois me dit : « Qu'est-ce que ça sent bon ! » Je ne relève pas et fais semblant de ne pas avoir entendu. Il repasse une seconde fois et insiste en humant : « Qu'est-ce que ça sent bon ! » Et d'ajouter : « J'en prendrais bien une… » Je lui réponds : « Mais mon père, c'est vendredi, le jour du poisson. » Il me reprend en répliquant : « C'est vrai, mais Dieu me le pardonnera, j'en suis sûr ! » Nous avons partagé ces côtelettes. Je ne me souviens plus si l'abbé a dit le bénédicité, mais ce repas improvisé sur le front est un grand moment. Et je suis sûr que Dieu lui a pardonné ce tout petit péché de gourmandise…

J'ai beaucoup d'estime pour l'aumônier du commando qui n'a jamais été insistant et n'a jamais forcé qui que ce soit avec la religion. Me revient cette autre anecdote avec l'abbé de Naurois. Je n'ai plus la date précise en mémoire, mais la scène se passe du côté d'Amfréville où nous sommes restés un certain temps. C'est après le 10 juin, le jour de la violente contre-attaque allemande. Je n'ai pas fait de communion pour la raison que j'évoque au début de ce livre. Je vois le prêtre en train de donner la communion à des soldats britanniques. Le père de Naurois m'aperçoit et me demande si je veux approcher. Il me tend une hostie que j'accepte. Bolloré, notre infirmier, passe au même moment et, d'un signe de tête, me demande : « Tu fais quoi Léon ? » Utilisant son nom d'emprunt, son nom de guerre plutôt, je lui réponds : « Tu sais Bollinger, c'est ma première communion ! » Je peux dire que j'ai fait ma première communion, en Normandie, en juin 1944, sur la ligne de front, en *battle-dress*.

Le 29 août, Georges Paillet, un des chauffeurs, qui s'est procuré des pots de peinture de couleur rouge et blanche, annonce que Philippe Kieffer souhaite que les véhicules soient marqués de la croix de Lorraine avec l'inscription 1^er^ BFM commando. Une délégation de notre régiment doit monter à Paris tout juste libérée. La croix devra être rouge, avec la dague du commando accompagnée du brick de notre insigne. Chauvet, dessinateur patenté du commando, taille des pochoirs. À midi, deux camions et deux jeeps arborent déjà la croix de Lorraine. Quand le pacha lui demande si ça avance, Chauvet répond : « Oui commandant, mais je dois attendre que ça sèche pour attaquer le fond blanc. »

Le 30 août, cinquante commandos anglais et français quittent Beuzeville à bord de deux jeeps et de deux camions pour participer au défilé organisé à Paris le 1er septembre. Partis le matin, ils sont de retour le soir. Georges Paillet, qui conduit une des jeeps, né à Mantes, en région parisienne, n'aurait raté pour rien au monde ce déplacement dans la capitale en liesse, au volant de sa jeep siglée à nos couleurs. En rentrant, il n'arrête pas de dire : « Ah les gars, si vous aviez vu ça ! »

La libération est ternie par une terrible nouvelle pour notre chef. Il vient de perdre son fils, jeune résistant de 21 ans, tombé dans les dernières heures des combats pour la libération de Paris, fusillé par les Allemands. Le 25 août 1944, le groupe d'une douzaine de résistants dans lequel se trouve le fils de notre commandant est cerné par les Allemands dans une forêt proche de Paris. Les nazis arrivent alors que les jeunes patriotes sont réunis dans leur poste de commandement. Ils sont capturés et aussitôt passés par les armes. Ils ont tous une vingtaine d'années. Le commandant Kieffer a toujours été discret au sujet de son fils.

9

# Témoin des dérives de la Libération

Comme dans beaucoup de villages en cette fin août 1944, un parfum de liberté flotte sur ce secteur du cœur du pays d'Auge. Une autre odeur se répand, aussi, nauséabonde celle-là. Celle du règlement de comptes. Certains Français n'en sortent pas grandis.

J'aimerais aussi dire un mot sur la Résistance. Il y a eu de très grands résistants dans toute la France, y compris de la toute première heure, et ceux-là, je leur tire mon chapeau. Je pense à un oncle déporté à Neuengame. Beaucoup ont payé très cher leur engagement dans l'Armée des ombres pour que la France retrouve sa dignité et la liberté. Ils ont été assassinés par les nazis souvent dans la fleur de l'âge, quand ils n'étaient pas tout juste sortis de l'adolescence. Il y en a aussi eu de la dernière heure si ce n'est pas de la dernière seconde, comme ceux que j'ai vus à la fin août 1944, lors d'un bal de la libération à Beuzeville, ville située tout près de Saint-Maclou où nous avons établi notre cantonnement. Pendant les quartiers libres, des copains vont au bistrot dans cette commune de l'Eure. Moi, ce n'est pas trop ma tasse de thé, mais je vais quand même faire un tour dans le patelin à côté, histoire de changer d'air. Nous devons prendre avec nous notre arme individuelle. La guerre n'est pas terminée et des tireurs isolés allemands, qui n'ont pas pu se replier avec leurs petits copains, peuvent encore nous ennuyer. Ce bal est organisé dans une magnifique halle située en plein centre de la ville. Quelques années après la guerre, je suis repassé à Beuzeville et j'ai constaté que ce bel endroit avait été rasé. C'est dommage, ils ont fait un parking à la place. Avant la guerre, elle sert pour accueillir le marché hebdomadaire. Des Belges de la brigade Piron, qui ont libéré beaucoup de communes du pays d'Auge, sont avec nous. Je vois une femme blonde, seule dans le fond de cette salle et m'approche d'elle pour l'inviter. Je lui dis : « Vous dansez mademoiselle ? » Elle me répond : « Madame ! Mais je veux bien danser quand même. » Madame ou mademoiselle, qu'importe, ma Thomson dans le dos, nous voilà partis à tourner sur la piste sous des drapeaux alliés accrochés au plafond, au rythme de l'orchestre avec des musiciens du coin. Je ne me rappelle plus précisément la chanson qui nous fait valser mais l'ambiance est à la fête. Soudain, des types avec le brassard FFI se pointent et la tirent par le bras. Je m'aperçois que leur brassard avec une croix de Lorraine a été bricolé et fait à la va-vite. Je m'interpose : « Vous faites quoi les gars ? » « T'inquiète, ça nous regarde, elle a couché avec les Boches. » L'un d'eux a une tondeuse à la main, il dit : « Vous permettez, on va la raser ! » Je réplique : « Je ne permets rien du tout. T'es jaloux ? J'ai un bon conseil à te donner, fous-lui la paix. Demain je reviens, s'il lui manque un seul cheveu, fais-moi confiance ça va chauffer pour ton matricule. » Un autre jeune, avec un brassard FFI, ajoute : « Elle a collaboré ! » Je lui réponds : « Peut-être. Mais si c'est le cas, elle sera jugée pour ça, il y aura des gens pour s'en occuper. » Ils sont partis sans demander leur reste. D'autant plus que je ne suis pas tout seul et qu'il y a de nombreux soldats alliés sous cette halle. J'ai sans doute affaire à des résistants de la dernière heure. Quand nous étions aux portes du pays d'Auge, sentant que le vent tournait du bon côté, ils ont enfilé le brassard FFI. D'autres n'ont pas mis beaucoup de temps pour passer de la milice à la tondeuse sur la tête de pauvres filles qui ont eu une histoire d'amour avec l'Occupant. Un peu plus tard, quand on rencontre de jeunes résistants que l'on soupçonne d'être de la dernière heure, on leur demande s'ils sont coiffeurs…

Certains ont bêtement collaboré, sans se rendre vraiment compte de ce qu'ils faisaient. Beaucoup l'ont regretté amèrement. Ils l'ont peut-être fait pour aider leur famille. C'est toujours facile de juger après. Je trouve dommage que les résistants n'aient pas su faire leur police eux-mêmes. Certains se sont fait appeler résistants du jour au lendemain, et se sont attribué des coups de main auxquels ils n'ont jamais participé. Bien après la guerre, je rencontre un Américain venu faire une conférence à Bayeux. Il a débarqué, comme moi, le 6 juin, et a un très légitime avis sur le sujet. Il me dit, avec beaucoup d'humour : « Vous savez Léon, je me rends compte qu'il y a eu finalement beaucoup de résistants en France, c'est à se demander pourquoi on a débarqué ! »

Il y a aussi cette histoire survenue à Georges Coste et à Gwenn-Aël Bolloré, notre infirmier. Fin août, malgré des coups de canon que nous entendons au loin de temps en temps, le front recule. Plus de patrouilles dans les lignes ennemies ; seulement des tours de garde ; plus de tranchées humides infestées de moustiques et nous dormons dans des tentes qui nous ont été livrées. Le paradis, en somme… L'intendance fait des économies grâce aux repas offerts par les habitants tout justes libérés. Coste découvre une jeep abandonnée. En bon mécanicien et avec ses outils, il la remet en état. Un coup de démarreur, la petite voiture américaine part au quart de tour. Voilà le duo Coste-Bolloré parti en vadrouille dans la campagne augeronne. À force de tourner en rond, ils aperçoivent une ville au loin. C'est Pont-Audemer. Les Allemands sont partis la veille. Comme dans toutes les villes libérées, c'est la liesse. Mais pas que cela… Les FFI ont investi la place principale de la ville de l'Eure. L'incursion des deux commandos est davantage considérée par les FFI comme une patrouille que comme un acte officiel de libération. Qu'importe, les résistants lancent : « Vous n'allez pas repartir comme ça ! » Coste et Bolloré sont invités dans la salle des fêtes où une grande table est dressée. Les bouchons des bouteilles de cidre sautent les uns après les autres. Un résistant demande soudain aux deux commandos français : « Ça vous dirait de voir notre cheptel ? » « Cheptel ? », interroge Gwenn-Aël

Bolloré. « Bah oui, suivez-moi vous allez comprendre », rigole le jeune Normand qui n'a certainement pas dû entrer en résistance quand le général de Gaulle a lancé son appel en juin 1940. Coste et Bolloré lui emboîtent le pas et le suivent dans des couloirs jusqu'à une cave éclairée par la lumière du jour. Le jeune homme sort une clé de sa poche et l'introduit dans la serrure. La porte s'ouvre dans un grincement de gonds qui appelle un peu d'huile, et Coste et Bolloré sont témoins d'un navrant spectacle : une trentaine de femmes sont parquées ici, il n'y a pas d'autres mots. Toutes, blotties les unes contre les autres pour se réchauffer dans cette cave froide et humide, ont été tondues. « Elles ont couché avec les Boches », précise le jeune résistant en refermant la porte. Coste entame alors un discours sur le patriotisme, la grandeur de la France avant de reprendre ses esprits. Écœuré comme Bolloré. Les deux amis sont remontés dans la jeep pour rejoindre leur campement et nous raconter cette sinistre histoire. Gwenn-Aël Bolloré, qui l'évoque dans son livre *J'ai débarqué le 6 juin*, dira plus tard, à juste titre : « Avec le recul, les mérites de la Résistance paraissent assez grands pour qu'elle ne craigne point quelques vérités. On ne l'a jamais su, mais les "épurateurs" de Pont-Audemer n'ont peut-être enfilé le brassard tricolore qu'en apercevant les libérateurs au coin de la rue et en s'étant bien assurés que les Allemands avaient définitivement plié bagage… » Philippe Kieffer a d'ailleurs demandé de lui faire remonter les actes d'épuration sauvage et de veiller aux dérives et aux débordements.

Le 7 septembre, c'est le grand départ. Le numéro 4 commando est transporté par la route vers Arromanches. À Saint-Maclou, on embarque dans les camions avec nos paquetages ! On ne se revoit pas faire à pied la route que nous avons empruntée trois mois plus tôt. En chemin, les ruines que nous voyons montrent l'intensité de la bataille de Normandie qui a duré cent longs jours. Nous voyons des tanks à moitié enterrés. Nous apprenons que les Allemands sont en déroute, tout du moins pour ceux qui ont réussi à franchir la Seine, non sans mal. Et ce n'est pas pour nous déplaire. En arrivant sur les hauteurs de la ville, allongés dans l'herbe, sous un chaud soleil de fin d'été, nous admirons le paysage. Les vaches broutent à côté de nous, complètement indifférentes à notre présence. Si ce n'est l'incessant et impressionnant va-et-vient des véhicules militaires sur les jetées métalliques de Port Winston, rien ne rappellerait que nous sommes toujours en guerre. Des troupes fraîches, l'arme à la bretelle, débarquent dans des conditions bien différentes de celles que nous avons connues trois mois plus tôt. Tant mieux pour eux, mais ils connaîtront bientôt l'épreuve du feu dans l'Est. Nous regardons aussi le camp de prisonniers allemands. Ils sont des centaines, entassés comme du bétail derrière les barbelés, attendant de monter dans les navires qui vont les conduire en Angleterre. Beaucoup occuperont des camps installés dans des champs de courses, les mêmes qui nous ont accueillis un peu plus de quatre ans plus tôt. Il y a de tout, des jeunes, des vieux. Le glorieux Teuton vainqueur de 1940 a visiblement perdu de sa superbe. Même si certains, nazis jusqu'au bout, affichent encore une certaine morgue en nous regardant... Nous passons la soirée du 7 septembre dans un campement au-dessus de la ville d'Arromanches qui deviendra célèbre pour son port artificiel. Le lendemain, nous embarquons sur un imposant navire transporteur de troupes. À 23 heures, les feux signalant l'entrée du port de Folkestone sont en vue. Sur les cent soixante-dix-sept commandos débarqués le 6 juin, avec les tués et les blessés, seulement quarante ont participé à toute la campagne de Normandie. J'en fais partie. Le lendemain matin, lorsque nous arrivons à la gare pour prendre le train, Lord Lovat est là pour nous saluer. Une fanfare militaire interprète une *Marseillaise* en notre honneur quand nous montons dans le train qui nous conduit à Petworth, près de Brighton. Nous sommes très émus. Mais nous pensons surtout à nos camarades, tombés en Normandie pour la conquête de la liberté et qui auraient apprécié cet instant émouvant. Un bruit court selon lequel nous allons partir en Birmanie. Les Anglais ont payé un lourd tribut dans cette région d'Asie. En témoignent les milliers de tombes alignées près du célèbre pont de la rivière Kwaï. Cela n'enchante personne. Moi le premier. Depuis le 6 juin, nous avons largement eu notre compte. Le 10 septembre, les permissions sont enfin distribuées. Certains, comme moi, restent en Angleterre pour retrouver leur fiancée, d'autres rentrent en France. Les permissions sont délivrées pour quinze jours. Hélas pour certains, notamment ceux qui sont originaires de l'Est, ils devront encore patienter pour revoir leurs familles. En septembre 1944, tous les Allemands n'ont pas encore repassé le Rhin. Ces camarades concernés par ce problème n'ont plus qu'à trouver une chambre dans une auberge de jeunesse ou contacter leur ancien logeur, chez leur « billet ». Ce que beaucoup feront, retrouvant avec plaisir ces familles anglaises qui leur ont ouvert leurs portes. À Londres, les permissionnaires de la branche française du numéro 4 commando retournent avec joie aux bonnes adresses des bars et des pubs fréquentés avant le Débarquement. Notamment le Jacqueline's Club, le Berlemont, sans oublier Rose sur Dean Sreet. Des établissements qui ne désemplissent pas. Malgré l'euphorie de la victoire et de la liberté retrouvée, nous avons régulièrement une pensée pour ceux qui ne sont pas là. Depuis sa création, le premier bataillon de fusiliers marins commandos a subi des pertes importantes. Elles s'élèvent à cent quatorze officiers, sous-officiers et matelots, dont vingt-sept tués. Dix pour la seule journée du six juin. Sans oublier bien sûr, ceux qui sont tombés avant ce grand jour et n'ont pas revu leur pays libéré : Moutailler, tué à Dieppe, Bellamy, Dignac, Cabanella, Wallerand, Devillers, Guy, Hagnéré, Rivière et le capitaine Trépel morts dans des raids. Sur les cent soixante-dix-sept qui ont débarqué, seulement vingt-quatre rentrent sans une égratignure, dont moi.

Peu de temps après notre départ en permission, nous apprenons que le numéro 4 commando quitte la première brigade spéciale pour rejoindre la quatrième commandée par le général Leicester. Le premier bataillon de fusiliers marins est reclassé en deux *troops* : la 5 sous les ordres d'Alexandre Lofi, la 6 sous ceux de Guy Vourc'h. En ce mois de septembre, je vais enfin retrouver Dorothy que je n'ai pas vue depuis le mois de mai. Pendant ces cinq longs mois, nous avons pu nous envoyer des lettres. Ça mettait beaucoup de temps pour arriver, mais le courrier était distribué. J'ai aussi écrit à mes parents, la lettre est passée par plusieurs gendarmeries avant d'arriver chez eux route de Lorient, à Rennes. Mes parents ont d'ailleurs eu plusieurs fois la visite des gendarmes qui voulaient savoir où j'étais. Mes parents leur répondaient qu'ils n'en savaient rien. Ils sont aussi venus pour confisquer mes biens, les biens existants et ceux à venir. J'ai été condamné car j'étais considéré comme déserteur pour avoir quitté la marine et rejoint la France libre. Mon père leur répondait que tout lui appartenait comme j'étais mineur au moment de leur visite, « sauf le vélo que je lui ai offert pour son certificat d'études ». Un vélo qui ne valait plus rien. J'ai fait les quatre cents coups avec à Rennes jusqu'à mon engagement dans la marine à 17 ans. Pendant six ans, j'en ai fait voir de toutes les couleurs à ce vélo. Au début, j'en prenais soin, disons qu'après j'étais moins rigoureux avec. Ça ne les a pas empêchés de venir chez mes parents pour l'embarquer. Je ne sais plus qui a frappé à leur porte, mais sur ce coup-là, ce n'étaient pas les gendarmes… Ils sont aussi venus pour ma sœur. Elle était recherchée car elle avait aidé un prisonnier à s'évader d'un camp qui était situé pas très loin de chez nous. Elle lui avait donné des fringues civiles, qui entre parenthèses étaient les miennes. Il s'était fait attraper et n'avait pas trouvé mieux que de donner le nom de ma sœur quand il avait été interrogé par les Allemands.

Le 14 octobre 1944, Dorothy et moi nous marions à Douvres. Le mariage est célébré en l'église Saint-Paul par le révérend père Sewell. J'ai vingt-quatre heures de permission, mais comme cela traîne pour réunir les papiers nécessaires afin d'officialiser notre union, j'ai finalement droit à quarante-huit heures. Pour la lune de miel, nous verrons plus tard. À peine la bague au doigt passée, je dois rejoindre mon régiment basé à Petworth. Seul problème : le train que je prends à Douvres, un Londres-Littlehampton, ne s'arrête pas comme prévu dans la gare d'arrivée. Après trois mois au front en Normandie, il en faut plus pour m'impressionner. Je me dis que je suis entraîné à faire des choses comme ça… Cela va le faire sans problème… Le train ralentit, je décide de sauter en marche. Malheureusement, j'atterris sur un chariot à bras pour porter des sacs postaux. Les employés des chemins de fer ont l'habitude de déposer et de prendre les sacs au vol. Pas moi… Je me réveille à l'hôpital de Chichester, entre Portsmouth et Brighton, avec le bras dans le plâtre et la cheville dans un sale état. Elle est bandée. Je suis dans le cirage quand ils me plâtrent. J'ai aussi des égratignures, mais rien de grave de ce côté-là. Quand je me réveille, je leur demande de prévenir mon unité, le numéro 4 commando à Petworth. On m'annonce aussi que, compte tenu de mon état de santé, il n'est pas question que je parte en Hollande pour le raid de grande envergure qui est prochainement prévu. À défaut de la jungle birmane selon le bruit qui a couru, mes frères d'armes découvrent le pays des tulipes. Après m'avoir fait passer des radios, on m'envoie dans un centre de convalescence. Un médecin militaire, que je reverrai par hasard des années plus tard à Colombes, me trouve un peu fragile et surtout les poumons fatigués. Rien de plus normal, après tout, après presque trois mois en première ligne sans un jour de repos. Il me délivre une ordonnance et des bons pour des rations de lait supplémentaires. Moi qui n'aime pas le lait à l'époque, j'en fais profiter la famille de mon épouse ! On me signe aussi une feuille de permission pour deux mois que j'apprécie en cette fin d'année 1944. Remis sur pied, après ma convalescence, je rejoins la caserne Bir-Hakeim. Je ne suis toujours pas débarqué des commandos. En mai 1945, je dois rentrer en France. La guerre est terminée, en attendant, je suis à Douvres avec Dorothy.

Le 8 mai, dans ce port du sud de l'Angleterre, lorsque la capitulation de l'Allemagne est annoncée, c'est une véritable explosion de joie. Tout le monde est dehors. Les gens pleurent et s'embrassent. Les cloches de Saint-Paul sonnent à toute volée. Il faut dire que cette ville a payé un lourd tribut à la guerre. Depuis le début du conflit, les Allemands y ont envoyé près de trois mille obus. Douvres est d'ailleurs surnommée « la première ligne britannique ».

# 10

# Amer retour à la vie civile

À la fin de l'été 1945, les héros du commando Kieffer sont non seulement fatigués, mais aussi tristement oubliés. Injustement tombés dans le trou noir de l'Histoire. Comme moi qui passe six mois à la caserne Bir-Hakeim, à Emsworth, près de Portsmouth, de janvier à juillet 1945. J'embarque à Newhaven avec Dorothy dans un bateau qui effectue une rapide traversée jusqu'à Dieppe. L'accueil fait aux Français libres est réservé. Mitigé conviendrait plutôt… Un type me demande : « Vous allez où ? » Je réponds que l'on va à Rennes, il me dit, dans le style circulez y a rien à voir : « Tenez, voilà un billet de chemin de fer… »

En août 1945, je dois me rendre dans un dépôt de la marine, à Vannes. Celui de Lorient ayant été endommagé par les bombardements, je suis convoqué dans celui de la préfecture du Morbihan. Selon mon livret militaire, je peux être démobilisable mais aussi admissible second-maître, le premier grade des sous-officiers. Je me pose la question : je reste ou pas ? L'accueil que je reçois à Vannes est tellement déplorable que je me dis que ce n'est pas la peine. Certains surnomment notre croix de Lorraine le « perchoir ». Nous nous retrouvons avec des gars qui ne nous portent pas spécialement dans leur cœur. Pour eux, ce sont les Français d'un côté. Les autres – c'est-à-dire nous, les Français libres – de l'autre… Après une altercation avec un sous-officier qui n'a pas beaucoup d'estime pour les Français libres, qu'il considère comme des « vendus aux Anglais », le commandant de la base, un homme très sympathique, me reçoit. Il me demande : « Gautier, est-ce que vous comptez vous rengager ? » Je lui réponds que je ne sais pas encore. Devant mon attitude hésitante, il me dit, en parlant du sous-officier avec qui je suis certain de ne pas partir en vacances : « Vous voyez le type là-bas, qui vous a fait des histoires, il ne vous pardonnera jamais d'être parti dans la France libre. Si vous signez de nouveau, vous aurez à le supporter pendant un certain temps… » Et dire que j'ai déjà une croix de guerre au titre du corps d'armée, alors que le sous-officier en question, qui est resté planqué pendant la guerre, a la poitrine bien nue ! Le commandant me donne deux mois de permission en me précisant que j'ai tout ce temps pour réfléchir et que si je veux rempiler, je n'ai qu'à lui dire… Mais à partir de cet instant, ma décision est déjà prise…

Quelques-uns de mes camarades sont restés dans les commandos. Certains sont partis en Indochine. D'autres ont vécu dans des conditions catastrophiques après la guerre. On nous a dit merci, mais longtemps après. J'ai en mémoire un de mes camarades du commando, qui a d'ailleurs débarqué avec moi le 6 juin 1944, un homme d'une très grande valeur. Il est invité au mariage de Bagot, notre chef de section. Il n'a pas d'argent pour s'acheter des vêtements corrects pour aller à la noce de son ancien chef de section et ami. Il lui dit : « André, désolé, je ne peux pas venir, je n'ai rien à me mettre sur le dos… » Des Havrais, qui ont des connaissances à la Compagnie maritime de paquebots, qui assure notamment la liaison entre Le Havre et les États-Unis, ont quand même pu trouver du travail dans la marine marchande.

Heureusement, les chefs donnent parfois un coup de main à un ancien commando pour trouver du travail. Un de mes camarades trouve un emploi de manutentionnaire. Sauf qu'après la guerre, il ne pèse que cinquante kilos, voire un peu plus mais c'est tout. Il ne peut pas soulever des charges lourdes et exercer le travail qu'il a trouvé. L'abbé de Naurois et Philippe Kieffer, qui est passé pendant un temps à l'Otan dans les années 1950, lui ont obtenu un poste dans cette institution.

Après cinq ans, cinq mois et dix-neuf jours, je retrouve la vie civile avec un béret vert en souvenir, une tenue de combat usée et une prime de démobilisation de 2 000 francs, des anciens francs de 1945 bien sûr. Ramené à l'euro, il n'y a pas de quoi déformer les poches. Je ne vous parle pas de ma prime d'engagement qui m'est elle aussi passée sous le nez. Je suis rentré dans la marine en février 1940, on la touche au bout de six mois. En juillet, je suis dans la France libre, c'est terminé. Sur le coup je me dis quelle bande de salopards ! Je ne suis hélas pas le seul à ne pas toucher cette prime d'engagement.

Même si j'ai par la suite forgé ma vie civile avec un esprit de commando, psychologiquement parlant, nous ne sommes pas sortis indemnes de ces années de guerre. Avec l'entraînement spécial, très agressif que nous avons eu, c'est très difficile de se réinsérer dans une vie normale. D'autant plus qu'après la guerre, y compris dans les années 1960, on ne parle pas ou très peu de ce que l'on a fait. On nous a laissés tomber comme de vieilles chaussettes. Quand on ne nous a pas mis des bâtons dans les roues. Comme le jour où, rendu à la vie civile juste après la guerre, je vais à la mairie de mon domicile pour des bons d'habillement et de nourriture. Je viens pourtant d'être décoré de la Croix de guerre à l'ordre du corps d'armée… Il n'y a rien de prévu pour nous, qui nous sommes sacrifiés pour que la France retrouve la liberté et son honneur. Une femme est assise derrière son guichet et me demande de son air le plus aimable : « Qu'est-ce que vous avez fait pendant la guerre ? » Je réponds : « J'étais dans la France libre, en Angleterre. » La réponse de la secrétaire de mairie, à défaut d'être détestable, est pour le moins surréaliste : « Eh bien, il fallait y rester… » Il y a aussi eu ce déplorable épisode après la Libération, où des commandos ont toutes les peines du monde à se faire délivrer des cartes d'électeurs. La raison ? Le régime de Vichy les a condamnés à mort par contumace, les considérant comme des déserteurs, pour avoir désobéi aux ordres de reddition, pour avoir « volé » un navire de la Marine nationale et pour s'être rendus aux Anglais. La mère d'un commando a même eu la visite des gendarmes pour se voir signifier la condamnation de son fils… Seul problème : au lendemain de la guerre, l'administration française a quelque peu traîné les pieds pour remettre les choses en ordre. La fameuse lenteur administrative. Il a fallu que des anciens commandos décrochent leur téléphone pour appeler des préfectures et faire comprendre qu'ils n'avaient pas perdu la main en matière de sabotage et que des bureaux de vote pouvaient en pâtir dans la nuit. Les cours de démolition à l'explosif de l'école d'Achnaccary n'étaient pas si loin que ça, sans parler d'un peu de pratique au cours du printemps et de l'été 1944 et pendant les raids en territoires occupés… Des gendarmes sont finalement venus nuitamment tirer les sonnettes de leur domicile pour leur donner les cartes permettant de remplir leur devoir électoral. Quand même…

Je regrette que l'on ne se soit pas occupé de nous comme on aurait dû le faire. L'amiral d'Argenlieu avait beaucoup d'estime pour notre unité. Il est venu nous voir à plusieurs reprises, y compris quand nous étions dans nos tranchées, en toute simplicité, à Amfreville. De Gaulle, même si nous lui avons présenté les armes plusieurs fois, je ne suis pas persuadé qu'il ait vu d'un très bon œil que nous soyions sous les ordres des Anglais. Il est venu nous voir à Douala. On l'a aperçu de loin, il nous a salués avant de repartir comme il était venu. Avec le recul je me dis que Philippe Kieffer a eu beaucoup de courage pour créer cette unité française sous commandement anglais. Au départ cela n'a pas été simple mais il a tenu bon. Beaucoup auraient abandonné.

Quand je suis rentré à Rennes, je ne savais pas où loger. Mes parents m'ont prêté une chambre, mais cela ne pouvait pas durer. On ne demandait pas grand-chose, juste de quoi se loger. On ne souhaitait même pas de faveur. Un deux-pièces nous suffisait en payant notre loyer comme tout le monde.

Si nous savions courir vite et avions « une indiscutable connaissance de la pratique de la mitraillette », comme disait Maurice Chauvet, beaucoup sont les grands oubliés de cette histoire. Moi, j'avais la chance d'avoir un métier, un CAP de carrossier automobile. Mais la réinsertion dans la vie civile a été assez difficile. C'est le moins que l'on puisse dire. À mon retour en Bretagne, je devais être embauché dans une entreprise de mon quartier à Rennes. Mais quand les patrons ont eu connaissance de mon parcours pendant la guerre, ils ont courageusement écrit un courrier, déposé dans la boîte à lettres de mes parents, pour dire que ce n'était pas la peine que je me dérange et qu'ils allaient prendre quelqu'un d'autre... Ce n'est pas grave, des copains m'ont rapidement trouvé du travail.

J'ai dû faire un essai pour obtenir une qualification de chaudronnier. Je devais réaliser une boule en métal. Un ami m'a dit : « Léon, tu sais éplucher une orange ? » Bien sûr ! « Alors à toi de jouer... » J'ai eu de la chance, je suis tombé sur des choses que je connaissais. À l'école, j'aimais bien les matières scientifiques. La température, la densité des métaux, tout cela n'avait pas de secret pour moi. J'ai obtenu la note de 18,3/20.

Certains, qui ont rejoint la France libre alors qu'ils n'avaient aucune formation ont du tout reprendre à zéro. À part la généreuse prime de démobilisation, j'étais loin d'être riche. Je n'avais même pas de quoi payer le train. Dans mon quartier, j'étais le seul Français libre. Un jour, le comité des fêtes a organisé un repas au profit des prisonniers de guerre qui venaient de rentrer. Ils le méritaient bien après la difficile épreuve qu'ils avaient traversée. Un des membres du bureau a dit : « Tiens, si on invitait Léon Gautier ? » Un autre membre de l'association a répondu que l'on ne pouvait pas inviter tout le monde... Après la guerre, le seul point de repère pour bon nombre d'entre nous était la rencontre annuelle de Ouistreham le 6 juin où les habitants et la municipalité nous ont toujours fêtés. Il y a même eu une très émouvante émission avec Léon Zitrone à Ouistreham dans les années 1960. En région parisienne, pas très loin de la tour Eiffel, le Rallye des commandos, tenu par Mme Doulin, était notre boîte à lettres et a servi de point de rencontre pendant vingt-cinq ans. J'y suis allé longtemps après la Libération, dans les années 1950.

J'ai trouvé du travail dans une entreprise qui fabriquait des machines agricoles, dont des moissonneuses-batteuses, de la marque Guillottin. Je dirigeais une équipe où il y avait des femmes. L'ambiance était bonne, sauf que le carnet de commandes ne se remplissait pas vite. Nous n'avions parfois plus rien à faire. Quand nous avions nettoyé l'atelier de fond en comble, nous tournions en rond en attendant la fin de la journée. Après quelques années dans les commandos, je ne me voyais pas me balader à longueur de journée avec une clé à molette dans la main en attendant que ça se passe…

Dorothy et moi, nous avons décidé de repartir de l'autre côté de la Manche, à Douvres où elle a toute sa famille.

Nous avons été bien accueillis et logés dans une petite maison neuve. Rapidement j'ai été embauché dans une entreprise qui fabriquait des bus sur des châssis Austin. Avec une autre cadence que mon précédent poste à Rennes. Au début on sortait un bus tous les mois, après on en fabriquait trois par semaine. On trouvait une combine pour en fabriquer à moindre coût. Je peux dire que j'ai connu une réinsertion à la force du poignet. La semaine de trente-cinq heures, je l'avais bouclée le mercredi soir. Faire des journées de onze à douze heures ne me faisait pas peur. Mais j'étais bien payé, en 1950, je roulais même avec une Ford. Nous sommes restés en Angleterre pendant sept ans.

Après ces années outre-Manche, où j'ai même occupé un poste de chef d'atelier dans un garage, je suis revenu en France en 1952. Je me rendais compte que des ouvriers anglais n'aimaient pas être commandés par un Français. Ils étaient patriotiques, même dans le travail. Spécialisé dans l'automobile, j'ai retrouvé l'Afrique, avec le Cameroun et Douala. Dix ans plus tôt, j'y étais avec l'uniforme des fusiliers marins. J'ai travaillé pour la Compagnie française de l'Afrique occidentale comme chef d'atelier. Nous sommes arrivés en Afrique presque par hasard. Mon épouse Dorothy a vu une annonce dans le journal disant qu'un garage important cherchait un chef d'atelier. Après un bref passage au Nigeria, un ami, assureur à Créteil, et qui est calé dans son domaine d'activité professionnelle, m'a dit : « Léon, pourquoi tu ne passes pas ton diplôme d'expert automobile ? » Je me suis mis le nez dans les bouquins, j'ai étudié, notamment le droit des assurances. Y compris le soir. Dorothy me faisait réciter, comme un écolier. Je suivais des cours avec des gens beaucoup plus jeunes que moi et c'était passionnant. J'ai passé mon examen d'expert automobile. Un examen d'État. Puis j'ai eu un accident de voiture et j'ai été rapatrié sanitaire. Avec une fracture du bassin, j'étais plâtré de la tête aux pieds. Je suis rentré en France dix ans plus tard et nous nous sommes installés dans l'Oise, à Beauvais, avec Dorothy et mes deux filles, Jacqueline et Jeannette, qui sont d'ailleurs nées à Douvres, en Angleterre.

J'allais au tribunal à Beauvais et à Amiens pour suivre des dossiers. Il m'arrivait aussi d'aller à Compiègne ainsi qu'à Montataire, une commune de l'Oise, pas très loin de Creil, où mes collègues ne se bousculaient pas pour se rendre. À l'époque, un quartier de cette ville avait, paraît-il, la réputation d'être mal famé. Ça s'est arrangé par la suite. Puisque personne ne voulait y aller, je m'y déplaçais. Je me débrouillais comme un chef. Je les embobinais, je leur parlais de mes voyages en Afrique. Je leur faisais même des compliments et ça passait comme une lettre à la poste. Je n'ai jamais eu de problème. À tel point que mes chefs et mes collègues, notamment Mme Lopez, m'ont surnommé « le baron de Montataire ». Je faisais des expertises de voitures accidentées, je travaillais sur des reconstitutions d'accidents. Un métier qui me changeait des commandos mais qui était très passionnant.

Après vingt-deux années à Beauvais, j'ai pris ma retraite. Nous nous sommes installés à Saint-Michel-Chef-Chef, au sud de Nantes.

Au début des années 1980, après m'être rendu à une exposition sur le Débarquement au syndicat d'initiative de Ouistreham, l'idée d'un musée dédié au numéro 4 commando trottait dans ma tête. Ceux comme moi, qui étaient retournés à la vie civile, ont trouvé leur voie en se battant. Côté volonté, on avait un certain savoir-faire. Régulièrement, dès les années 1950, nous revenions en Normandie pour nous retrouver et nous recueillir devant les tombes des copains morts au champ d'honneur. Nous nous retrouvions en toute simplicité. Il y avait un esprit de camaraderie mais pas d'association. Deux anciens, quartiers-maîtres à l'époque au commando Kieffer, ont essayé d'en monter une, mais ce n'était pas concluant. Il n'y avait pas de malhonnêteté, mais c'était juste un peu bordélique au départ. Le fait que ça partait de la base a suscité sans doute un peu de jalousie. Ça ne plaisait pas à tout le monde. Quand l'association a été créée au début des années 1980, ça a duré trois mois. Alexandre Lofi a rué dans les brancards pour qu'elle continue.

Alexandre et moi, nous resterons éternellement amis. Un jour, alors que nous assistions aux obsèques d'un de nos frères d'armes, et qu'il faisait un temps à ne pas mettre un marin dehors, nous nous sommes mis à l'abri dans ma voiture à la sortie du cimetière de Ouistreham. C'était une Citroën noire. Carrossier, chef d'atelier, puis expert automobile, j'ai toujours choyé mes voitures. Et je n'aimais pas non plus que l'on fume à l'intérieur de l'habitacle. Vous achetez une voiture derrière quelqu'un qui a fumé dedans, ça ne rate pas, l'odeur reste un bon bout de temps. Je me rappelle très bien le jour où j'ai arrêté de fumer. C'était bien après la guerre. J'étais patron d'un bureau d'expertise automobile dans l'Oise. J'ai arrêté du jour au lendemain avec un paquet de cigarettes dans la poche. Dorothy fumait un peu, nous avons arrêté ensemble, juste avant de partir en vacances dans le Sud. J'ai réuni le personnel à 8 heures du matin et j'ai dit : « Les gars j'ai une mauvaise nouvelle, je vais être de mauvais poil aujourd'hui. J'arrête de fumer ! » Un des employés m'a répondu : « On préfère ta mauvaise humeur au tabac. » Le jour de l'enterrement, à Ouistreham, lorsqu'Alexandre Lofi m'a demandé : « Léon, ça ne te dérange pas si j'en grille une dans ta voiture ? », je lui ai répondu : « Alexandre, à toi, je ne peux rien refuser… » Le matin du 6 juin, lorsqu'il est sorti le premier de la barge de débarquement, sur la plage de Colleville-Montgomery, j'étais juste derrière lui. Il m'a dit : « Léon ne me lâche pas ! » Cela ne s'oublie pas…

Au début des années 1980, Alexandre m'a proposé de reprendre l'association, d'autant plus que le quarantième anniversaire du Débarquement arrivait à grands pas. J'ai dit : « Je veux bien, mais pour trois mois, pas plus. » J'ai organisé une assemblée générale à Rennes, au *Pigeons Blancs*. Nous étions très nombreux. Tout le monde a trouvé ça formidable. On m'a poussé à continuer, Alexandre Lofi et Paul Chausse les premiers. Comme je ne suis pas du genre à capituler, j'ai accepté. Alexandre a pris la présidence et moi, le secrétariat. Je faisais souvent des allers-retours entre la Bretagne et Ouistreham. Dorothy commençait, et ça peut se comprendre, à en avoir assez de faire et défaire les valises. Le musée a ouvert quelques années plus tard, à deux pas du casino pris par la *troop* 1 sous les ordres du commandant Kieffer le 6 juin 1944. Jean Longuet, instituteur à Ouistreham, Mme David, André Pottier et André Ledran, l'ancien maire de Ouistreham, ont beaucoup œuvré à mes côtés pour que ce musée voie le jour. Une entreprise presque familiale. Dorothy recousait les uniformes et Jacqueline, ma fille, accueillait les visiteurs. Après avoir cessé mon activité professionnelle, je suis reparti en Bretagne et me suis rendu compte que je ne connaissais plus personne. Raison de plus pour déménager.

En 1992, nous avons décidé de nous installer définitivement sur la Côte de Nacre. Nous avons acheté la première maison que nous avons visitée. À deux pas du musée du Numéro 4 commando qui perpétue la mémoire des cent soixante-dix-sept Français du commando Kieffer.

Le matin du 6 juin 1944, quand je suis passé dans cette rue avec ma Thomson à la main, en train de débusquer et de poursuivre les Allemands, j'étais loin d'imaginer que cinquante ans plus tard, j'habiterais dans cette rue.

À propos de devoir de mémoire, j'ai une anecdote. Une de plus direz-vous légitimement au moment où ce livre s'achève. Elle se déroule en Hollande, longtemps après la fin de la guerre pourtant. Une cérémonie est organisée à Wassenaar où Charles Trépel, un de nos chefs, a disparu tragiquement dans un raid avec plusieurs hommes de notre commando. Un cinq-galons de la marine française est là, un capitaine de vaisseau ou de frégate, je ne sais plus trop. J'y vais en tant que secrétaire de l'association des commandos nouvellement créée. Avant la cérémonie, le galonné me dit : « Gautier, quand j'appellerai chaque nom vous direz : “Mort au champ d'honneur.” » Je réponds : « Non commandant, je dirai : “Mort pour la France !” » Le galonné insiste et me dit : « Non vous direz vous direz : “Mort au champ d'honneur.” » Ben voyons… Je lui réponds : « Bien sûr, commandant… » C'est mal me connaître. Quand il appelle chaque nom de mes camarades, je dis : « Mort pour la France… » Quand vous avez un copain qui est tué à côté de vous, dans une tranchée, à même pas un mètre cinquante, et qui a le crâne ouvert, c'est une image qui vous reste à vie. Quand nous avons débarqué le 6 juin, on se serait fait tuer sur place plutôt que faire demi-tour. C'était la France, on rentrait chez nous. Il n'y a pas de héros quand on se bat pour sa patrie. Mes copains morts sur une plage de Hollande à la fin du mois de février 1944, même si ce n'est pas la France, méritaient bien qu'on leur attribue la mention « morts pour la France ».

J'ai aussi une pensée pour Pierre Tanniou, qui était dans la *troop* 1 quand nous avons débarqué. Pierre était un Français libre de la première heure. Il était avec moi quand nous avons rejoint de Gaulle en 1940. Engagé à 18 ans, il était de toutes les campagnes avec le commando Kieffer. Il est hélas décédé dans l'oubli en 1985. Il a même failli être enterré dans une fosse commune au Havre. Gravement malade, amputé des deux jambes, il a eu une fin de vie particulièrement difficile. Heureusement, un employé des pompes funèbres a trouvé un morceau de papier dans la poche de Pierre avec le numéro de téléphone d'un de nos frères d'armes, Boccador, un second-maître de la *troop* 1 retiré à Paris après la guerre. Il habitait à l'époque avenue de l'Opéra. Pierre Boccador a appelé Michel Vincent, qui était lui aussi avec nous en juin 1944 et lui a demandé : « Qu'est-ce qu'on fait ? » Michel, qui était du Havre lui aussi, m'a rappelé immédiatement et nous nous sommes dit que Pierre devait avoir une sépulture digne de ce nom. Finalement, grâce à l'association des commandos et à la mairie de Ranville, Pierre Tanniou a pu avoir une sépulture dans le cimetière communal de Ranville où il repose maintenant et où un hommage lui est régulièrement rendu.

J'ai toujours eu beaucoup de plaisir à revoir mes anciens frères d'armes, surtout quand nous nous retrouvions loin de la France, comme cette fois où j'ai revu un ancien commando en Afrique, en 1954. J'ai appris qu'un bateau français était en escale et que Messanot est à bord. Il était dans la même *troop* que moi le 6 juin, la 8. Il était resté dans l'armée. Je vous laisse imaginer le bonheur que nous avons eu à nous retrouver dix ans plus tard.

## 11

# Les films sur le Jour J

J'ai une approche toute personnelle des films de guerre. Notamment ceux consacrés au Débarquement. *Le Jour le plus long*, par exemple, de Darryl Zanuck, sorti au tout début des années 1960. Philippe Kieffer a d'ailleurs été conseiller technique. La prise de Ouistreham a été tournée à Port-en-Bessin. Les producteurs cherchent d'abord à gagner de l'argent, mais il y a des libertés qui sont prises par rapport à la réalité des faits. Regardez Lord Lovat, incarné par Peter Lawford, que l'on voit débarquer en pull blanc, je peux vous assurer que le matin du 6 juin, je l'ai vu avec un *battle-dress* par-dessus son pull blanc. On peut d'ailleurs s'en rendre compte sur une photo très connue où on le voit sortir de la barge devant Bill Millin. En revanche, deux jours plus tôt, le dimanche après-midi, lorsqu'il s'adresse à nous pendant le briefing, il a bien son pull blanc. On le voit très bien sur le cliché qui immortalise l'événement. Il y a aussi une photo de lui prise le 7 juin, à Amfreville, il est en uniforme. Sans doute que de jeunes Écossais auraient très bien fait l'affaire pour jouer le rôle du patron des commandos. Mais Peter Lawford, qui est d'ailleurs un acteur connu dans le monde entier, est le beau-frère du président Kennedy…

Quant à Bill Millin, que l'on voit jouer de la cornemuse sous la mitraille en débarquant, il arrive un peu plus tard. Des copains anglais sont avec lui ce matin-là. Concernant *Le Jour le plus long*, même si Darry Zanuck ne lésine pas sur les moyens en réunissant des centaines de figurants en uniforme sur une plage, s'il brûle quelques maisons et blockhaus, il est impossible de reconstituer l'immense armada de cinq mille navires qui nous a amenés sur les côtes de France. Si les Allemands se sont reconnus, cela n'a pas été le cas pour nous. Bolloré a dit dans son livre « *J'ai débarqué le 6 Juin 1944* », que « la plus haute fantaisie a présidé au tournage de la partie du film concernant le premier bataillon de fusiliers marins commandos ». Les barges de débarquement tout d'abord, ce ne sont pas celles qui nous ont amenés à Colleville-sur-Orne mais ce sont des barges utilisées par l'armée américaine. Quant à l'attaque du casino, qui n'existe d'ailleurs plus en juin 1944 et a été remplacé par un blockhaus, il était inutile d'en reconstruire un autre. Le petit cours d'eau enjambé par un pont n'a jamais existé. Le film nous montre aussi des religieuses sorties mystérieusement en pleine bagarre, avec Madeleine Renaud en mère supérieure. Il n'y en a pas avec nous pendant la prise de Ouistreham. Les premières bonnes sœurs que j'ai vues, c'est à Arromanches dans les équipes médicales, au début du mois de septembre, lorsque nous avons rembarqué pour notre retour tant attendu en Angleterre. Sans oublier des scènes étonnantes, comme celle de Bourvil, avec un casque de pompier sur la tête, trinquant à la santé des Alliés avec un verre de champagne à la main en plein milieu des combats. L'acteur Fernand Ledoux, aussi, à la fenêtre de sa maison, agitant un drapeau tricolore ! Quant aux Allemands, l'équipe du film a dû s'arranger pour qu'ils soient toujours propres sur eux. Certes, le rideau de fer n'est pas encore tombé au début des sixties, mais les recettes du film en Allemagne de l'Ouest représentent un pactole non négligeable. Sans parler des Canadiens, les grands oubliés du film, alors que tous les jeunes qui ont combattu sous le drapeau à la feuille d'érable étaient tous volontaires. Le plus jeune tué en Normandie était d'ailleurs canadien. Il avait triché sur son âge avant de s'engager…

À l'avant-première du film, tout Paris est réuni pour la projection. Une personne importante n'a pourtant pas reçu son bristol d'invitation. Et non des moindres : le colonel Dawson, le patron du commando franco-anglais. Il est pourtant en poste à Paris à ce moment-là. C'est d'autant plus regrettable que, le matin du 6 juin 1944, le colonel Dawson a la délicatesse de permettre aux deux barges françaises, dont la 523 à bord de laquelle je me trouve, de toucher la plage de Colleville-sur-Orne avant les barges anglaises. Afin que nous soyons les premiers à fouler le sol de notre patrie. Qu'importe : le colonel Dawson l'a eue, son avant-première. Le 6 juin 1944 à 7 h 25, sur la plage de Colleville-sur-Orne.

## 12

# La reconnaissance nationale, enfin...

Le premier chef de l'État français à présider un premier grand anniversaire du Débarquement a été François Mitterrand en 1984 pour le quarantième.

Dans son discours, lors de la cérémonie officielle, il a évoqué le commando Kieffer en disant : « Ils étaient là... » Si le quarantième a eu un succès indiscutable, le premier à être célébré en très grandc pompc a été le cinquantième. De Gaulle nous a ignorés au lendemain de la guerre, sans doute parce que nous avions combattu dans une unité dépendant de l'armée anglaise. Alors que dès 1940, nous portions la croix de Lorraine. En voyage organisé, je suis pourtant allé visiter sa maison, « La Boisserie », à Colombey-les-deux-Églises. Le hasard a fait que son fils, Philippe, qui a été amiral et qui est passé comme moi par le *Courbet*, était présent. Il a remarqué la croix de Lorraine au revers de ma veste et a compris que j'étais dans le commando Kieffer. Il m'a dit : « Viens, je vais te montrer la chambre de mon père. »

Pour les anniversaires du Débarquement, nous avions plus de contacts avec les Anglais car ils venaient tous sur les secteurs de Bénouville et de Ouistreham. Il m'est arrivé de revoir des frères d'armes après la guerre. Avec parfois de belles surprises. Comme dans les années 1950 en Afrique. L'Angleterre a beaucoup d'admiration pour les Français qui ont combattu avec leur uniforme. J'ai d'ailleurs reçu la médaille de l'Ordre de l'Empire britannique. La réception et la remise de cette décoration ont eu lieu à l'ambassade d'Angleterre, à Paris. Je revois encore l'ambassadeur, un grand costaud. Pour la petite histoire, nous n'avons pas pu partir pour la capitale le jour prévu : une tempête de neige nous a empêchés de prendre la route en voiture. Quelques semaines plus tard, nous avons enfin pu aller à Paris. Après la cérémonie et la réception, nous avons failli être bloqués dans la capitale. À cause de la neige qui s'est subitement mise à tomber. Quand ça ne veut pas…

En 2004, pour le soixantième anniversaire du Débarquement, douze vétérans du commando Kieffer, qui ont pourtant déjà reçu de nombreuses distinctions, y compris anglaises, n'avaient toujours pas été décorés de la Légion d'honneur. Tristement oubliés soixante ans après leurs faits d'armes du printemps et de l'été 1944. Jacques Chirac, à l'époque Président de la République, a réparé cette injustice. Alors que, quatre-vingts ans plus tôt, deux ans après ma naissance, des Légions d'honneur ont mis beaucoup moins de temps pour être accrochées sur des costumes. Le procureur, le juge d'instruction, et le président de la cour d'assises de Rouen, qui ont injustement condamné à mort Jules Durand, le syndicaliste charbonnier havrais, surnommé le « Dreyfus normand », réhabilité alors qu'il était interné à l'asile, ont reçu la plus belle décoration française. Seulement dix ans après ce qui a été qualifié de « crime judiciaire ». Comme disait Pierre Desproges : « Les décorations, c'est comme les bombes, ça tombe bien souvent sur quelqu'un qui ne les mérite pas ! »

Le 8 mai 2008, Nicolas Sarkozy, alors président de la République, a eu la bonne idée d'organiser une cérémonie décentralisée sur la plage de Ouistreham pour commémorer la victoire de 1945 sur le nazisme. Lors de cette cérémonie où nous étions encore quelques vétérans du 6 juin, une nouvelle unité des commandos marine, la sixième, portant le nom de notre illustre commandant, Philippe Kieffer, a été officiellement créée sur la plage de Ouistreham. Tout un symbole lorsque le président de la République a remis le fanion du nouveau commando à l'amiral Gillier, commandant de la Forfusco. Tandis que les commandos Trépel et Jaubert sont spécialisés dans l'assaut en mer ; de Montfort dans l'appui et l'action à distance ; Hubert dans l'action sous-marine ; de Penfentenyo dans la reconnaissance des sites, le commando Kieffer, version des années 2000 est spécialisé dans les nouvelles technologies. Cette cérémonie de création d'un commando en 2008 sur la plage de Ouistreham, où nous avions débarqué soixante-quatorze ans plus tôt, a été une grande première. Il s'agissait de la première unité commando de la Marine nationale créée depuis la guerre d'Indochine. C'était également la première à ne pas porter le nom d'un fusilier marin commando mort au combat ou en opération.

Il en a fallu, du temps, pour que l'on nous reconnaisse. Tout vient à point pour qui sait attendre, comme dit le proverbe. En 2014, à l'occasion du soixantième anniversaire du Débarquement, j'ai même eu droit à une application à mon nom sur Internet, appelée « Soldat Léon ». À la fin du mois de juin 1940, à 17 ans et demi, quand je chargeais les obus dans les tourelles du *Courbet* pour tirer sur les Allemands qui remontaient vers Cherbourg, si on m'avait dit : « Léon dans soixante-dix ans, une application portera ton prénom sur Internet… »

# 13

# Les gestes forts de la réconciliation franco-allemande

Inlassable passeur et combattant de la mémoire, j'ai consacré une bonne partie de ma retraite à perpétuer la formidable histoire du commando Kieffer et à transmettre le message de paix et de fraternité auprès des jeunes générations. Y compris devant des scolaires, primaires, collégiens ou lycéens. Comme à Deauville où, avec mon ami Johannes Börner, ancien soldat allemand, nous avons témoigné devant des élèves du lycée Maurois pour le soixante-quinzième anniversaire du Débarquement. Beaucoup étaient émus malgré l'insouciance de leur âge, la même que celle qui m'animait quand j'avais rejoint la France libre en juin 1940. Je suis sûr que quelques élèves se sont posé la question : « J'aurais fait quoi, moi, à sa place, au même âge ? » Personne ne le sait, eux seuls ont la réponse, au plus profond de leur conscience.

C'est aussi la raison pour laquelle je suis opposé au projet de D-Day Land qui doit être construit dans le sud de la Manche. J'ai d'ailleurs signé une pétition. On ne fait pas un parc d'attractions, un spectacle sur la mémoire des jeunes qui sont morts ici, en Normandie. Tout cela pour faire de l'argent… Il n'est pas question de piétiner la mémoire de ceux qui ont versé leur sang pour que nous retrouvions la liberté. Les musées, du Mémorial de Caen, aux plus petits musées, très bien documentés, font un boulot formidable depuis des années pour rappeler ce qui s'est passé dans notre région.

J'ai donné mon accord pour que des rues de villes normandes soient baptisées à mon nom, ainsi que l'école primaire de Colleville-Montgomery, la commune où j'ai débarqué le 6 juin 1944 à 7 h 23.

Autre moment inoubliable, le 6 juin 2014 lors de la commémoration du soixante-dixième anniversaire du Débarquement, à Ouistreham, mon accolade avec l'ancien soldat allemand Johannes Börner. L'ex-parachutiste, mobilisé en Normandie et installé à Ouistreham en 1969, et moi, nous sommes devenus amis. Nous ne nous sommes jamais retrouvés l'un en face de l'autre en 1944, mais nous étions dans les deux camps opposés. Avec Johannes, j'ai témoigné devant des jeunes pour leur dire ce que nous pensons de la guerre. Notre accolade sur la plage de Ouistreham, reprise par les médias du monde entier, est devenue un symbole très fort, celui de la paix retrouvée. Comme l'a rappelé Emmanuel Macron lors de la cérémonie du soixante-quinzième anniversaire, à Colleville-Montgomery, ce geste a incarné la réconciliation franco-allemande. Un symbole profond d'espérance dans l'humain et la paix européenne. J'ai toujours gardé avec moi la mémoire de mes camarades fauchés dans la force de l'âge. Que pouvaient-ils donner de mieux que leurs 20 ans ? J'ai toujours entretenu la flamme des commandos pour qu'elle ne s'éteigne jamais, comme celle de la Résistance. Mais en gardant toujours à l'esprit ce message de paix et de fraternité entre les peuples.

En témoigne cette histoire qui se déroule à la fin des années 1990. Le téléphone sonne chez moi, à Ouistreham. À l'autre bout du fil, ma fille Jacqueline, qui est au musée du Numéro 4 commando, me dit : « Papa tu peux venir ? » Je lui demande ce qui se passe, elle ne m'en dit pas plus. Seulement : « Viens, il y a quelqu'un qui est au musée et qui souhaite te voir… » Je monte dans ma voiture et roule vers le musée, à quelques centaines de mètres de ma maison à Ouistreham. En entrant, j'aperçois un homme du même âge que moi. Un touriste allemand en pèlerinage en Normandie où il avait combattu en 1944. Contre nous… Il raconte qu'il a été fait prisonnier près de Bénouville en juin 1944 par des commandos qui portaient l'uniforme anglais mais qui parlaient français. Ce qui l'avait étonné. Je me souviens bien de cette histoire, alors que nous prenions le thé avec des commandos anglais en milieu d'après-midi, un sniper allemand nous arrosait et troublait la quiétude du *tea time*. Ce qui énerve notre chef qui demande deux volontaires pour déloger l'intrus. Personne ne se bouscule pour remplir cette mission à risque. Un camarade et moi, nous nous décidons finalement. Nous nous approchons discrètement de l'endroit où se trouvait le sniper. Nous mettons une mitrailleuse en batterie et tirons une rafale. L'Allemand comprend vite la douce mélodie de la mitrailleuse lourde Vickers et balance son fusil dans l'escalier. Un geste accompagné de : « *Bitte, bitte*… » (« S'il vous plaît, s'il vous plaît… »).

Lorsqu'il est passé devant nous les mains en l'air, nous l'avons charrié un peu, histoire de lui faire comprendre que la guerre était terminée pour lui. La meilleure des choses qui pouvait finalement lui arriver. Et qui nous a permis de nous revoir un demi-siècle après. Il s'est même souvenu qu'un commando français lui avait mis un coup de pied aux fesses pour accélérer le pas. Une chose est sûre, ce n'était pas moi, je m'en serais souvenu ! Toujours est-il que nous sommes tombés dans les bras l'un de l'autre, très émus. Lui et moi, nous savions ce que cette guerre avait coûté. Je n'ai qu'un regret, ne pas avoir pensé à prendre son numéro de téléphone ou son adresse, mais cela est resté malgré tout une belle rencontre.

Comme celle survenue en 1994, l'année du cinquantième anniversaire du Débarquement. Je marchais dans le cimetière d'Hermanville, la ville située près de Ouistreham et devant laquelle est échoué le *Courbet*, où j'ai fait mes premières armes en 1940. Soudain, j'ai entendu une voix féminine : « Léon, c'est toi ? » Je me suis retourné. C'était l'infirmière qui m'avait soigné à l'hôpital de Chichester après ma chute du train à la fin de l'année 1944. Cela faisait cinquante ans que nous ne nous étions pas revus. Nous avons échangé des questions banales : qu'as-tu fait dans la vie ? Es-tu marié, as-tu des enfants ? Autant de propos que l'on se dit quand on ne s'est pas vu depuis une éternité. Mais une chose est sûre, ces retrouvailles ont été émouvantes.

François Mitterrand et le chancelier Helmut Kohl se tenant la main, à Verdun en 1984, pour mutuellement demander pardon du carnage franco-allemand qui a causé la mort de cinq cent mille jeunes hommes dans la boue, le feu, le fer et le sang à Verdun, puis le chancelier Willy Brant, recueilli, à genoux, devant le mémorial du ghetto juif de Varsovie en 1970, étaient des images très fortes. Certes, elles n'effaceront jamais celle de la foule hypnotisée saluant un fou le bras tendu à Nüremberg à la fin des années 1930, mais c'était un pas de plus vers la paix. Johannes Börner, quand nous nous sommes pris dans les bras sur la plage de Ouistreham, clôturant de la plus belle des manières les festivités du soixante-dixième anniversaire du Débarquement, ennemis hier, devenus par la suite amis, nous étions bien placés pour savoir que la paix, la liberté et la démocratie ne sont jamais des bien acquis d'avance. Malgré toutes les critiques que l'on peut entendre, ici ou là, la France est un beau pays. Dans ma vie, j'ai beaucoup voyagé, y compris pour mon travail. Il n'y a pas beaucoup de nations aussi belles que la France malgré tout ce que l'on peut parfois entendre.

## 14

# La bonne étoile

La reconnaissance tardive pour le commando Kieffer est enfin un juste retour des choses pour une unité qui a perdu quarante-six hommes le Jour J, dix tués et trente-six blessés. Soit 25 % de pertes. Cela représente quelque chose... Je le répète souvent mais cela illustre la difficulté de la mission que nous avions à remplir. À la fin de la bataille de Normandie, seulement vingt-quatre hommes sur les cent soixante-dix-sept du commando n'avaient pas été blessés. J'en faisais partie. Il faut bien avoir un peu de chance dans la vie... J'en ai sans doute eu quand j'ai été débarqué du sous-marin Surcouf à cause de mes saignements de nez. Il a coulé un an après mon départ. Il y a aussi ce jour où l'avion à bord duquel je devais prendre place avec ma fille Jacqueline s'est crashé sur le mont Cameroun au milieu des années 1950. Il n'y a eu aucun survivant. Nous partions de Paris. L'avion a fait escale à Marseille, avant de repartir pour le Cameroun. Il n'y avait pas de place pour nous quatre. Ils ont proposé à Dorothy de monter dans un autre appareil avec Jeannette, mon autre fille. Quant à moi, je devais embarquer dans un autre avion avec Jacqueline. J'ai refusé. J'ai dit : « On part tous les quatre ensemble ou on ne part pas. » On nous a finalement proposé un autre appareil où nous sommes montés tous ensemble un peu plus tard. Notre avion est bien arrivé. Contrairement au quadrimoteur dans lequel je devais prendre place avec Jacqueline. Le destin, une vie, cela tient parfois à peu de chose… Je suis bien placé pour le savoir… Pour teinter cette histoire d'une note d'humour, sachez que quand nous sommes allés avec mes anciens frères d'armes en pèlerinage à Achnaccary en 2004, preuve que nous ne sommes pas rancuniers, l'avion qui nous a emmenés dans le nord de l'Écosse était de conception allemande. Il n'était plus de première jeunesse et il y avait un bruit bizarre au niveau des ailes. Nous avons finalement fait l'aller-retour sans problème.

Une de mes fiertés est d'avoir un petit-fils dans les commandos marine. Âgé maintenant de 55 ans, il est capitaine de corvette, quatre galons, l'équivalent d'un commandant. Il a commencé en bas de l'échelle, avec le grade de matelot, en passant d'abord le brevet élémentaire de fusilier marin à l'école de Lorient. Il a ensuite suivi l'impitoyable stage commando. Alors qu'il était âgé de 4 ou 5 ans, lors d'une cérémonie près du monument qui nous est dédié près la plage de Ouistreham, il a coiffé mon béret vert et a dit : « Plus tard, je serai dans les commandos. » Quand il a intégré cette unité d'élite de l'armée française, il n'a pas dit au départ qu'il était mon petit-fils. Ses collègues ne s'en sont aperçus que tardivement, lors d'une cérémonie organisée à Ouistreham où il était présent. Ses camarades d'unité ont vu qu'il saluait mes frères d'armes qui étaient encore de ce monde et qu'il les connaissait très bien. Ils ont compris rapidement qu'il était mon petit-fils. J'ai deux arrière-petits-fils qui perpétuent la tradition militaire et le sens du service public, l'un est gendarme, l'autre est sapeur-pompier professionnel.

Comme je l'évoquais au début de ce livre, dans le premier chapitre consacré à mon centième anniversaire, nous sommes maintenant cinq générations. Un de mes quatre arrière-arrière-petits-fils va bientôt avoir 6 ans. Il est né un… 6 juin ! Il est venu au monde en début de matinée, pendant que se déroulait une cérémonie de tradition de l'école des fusiliers marins, à Ouistreham. Si ce n'est pas un symbole, cela !

## Annexe 1

# Les dix commandos morts le 6 juin 1944 à Colleville-sur-Orne et à Ouistreham

*Troop* 1 :

Raymond Dumenoir, second-maître, tué sur la plage de Colleville-sur-Orne pendant le débarquement.

Raymond Flesh, matelot, tué sur la plage de Colleville-sur-Orne.

Jean Rousseau, matelot, tué sur la plage de Colleville-sur-Orne.

Émile Renault, quartier-maître, tué avenue Pasteur à Ouistreham.

Paul Rollin, matelot, tué avenue Pasteur à Ouistreham.

*Troop* 8 :

Jean Létang, quartier-maître, tué à Riva-Bella.

Section K Gun :

Marcel Labas, matelot, tué boulevard d'Angleterre à Ouistreham.

Jean Lemoigne, quartier-maître, tué avenue Pasteur, à Ouistreham.

Augustin Hubert, enseigne de vaisseau de seconde classe, tué boulevard d'Angleterre, à Ouistreham.

Service médical :

Médecin capitaine Robert Lion, tué avenue Pasteur, à Ouistreham.

Annexe 2

# Les commandos condamnés à mort par Hitler

*Le 18 octobre 1942, Adolf Hitler signe un décret condamnant à mort les commandos capturés. En voici la copie.*

Depuis longtemps, nos ennemis se servent de méthodes de guerre contraires aux Conventions internationales, particulièrement notoire est la conduite brutale et perfide des dénommés « Commandos » qui, et ceci a été formellement établi, sont en partie recrutés dans les rangs d'anciens criminels libérés dans les pays ennemis. D'après les documents capturés, il ressort qu'ils reçoivent des ordres non seulement d'enchaîner leurs prisonniers, mais de plus, de massacrer sur-le-champ les prisonniers sans défense, aussitôt qu'ils jugent que ces prisonniers deviennent une entrave à la poursuite de leurs objectifs ou peuvent être, dans l'un ou l'autre cas, un objet d'embarrassement. Pour finir, des ordres ont été trouvés qui montrent, qu'en principe le massacre des prisonniers a été établi.

Pour cette raison, il a déjà été ordonné dans un addendum du rapport des forces armées (ordres de routine) du 7 octobre 1942 que, dorénavant, l'Allemagne aurait recours au même traitement envers les troupes britanniques de sabotage et leurs complices, c'est-à-dire qu'elles seront massacrées sans pitié par les Allemands dans les combats partout où elles seront rencontrées.

En conséquence, j'ordonne : à partir de cette date que tous ennemis contactés par les troupes allemandes durant des expéditions dites de commandos, tant en Europe qu'en Afrique, qu'ils soient en uniforme régulier de soldats ou qu'ils soient des agents de saboteurs, armés ou non, soient exterminés jusqu'au dernier. Au combat, comme à la poursuite. Il importe peu qu'ils soient débarqués d'un navire ou qu'ils soient amenés par avion ou parachutés ; même si ces gredins, une fois repérés, décidaient de se constituer prisonniers, en matière de principe, toute pitié devra leur être refusée. Dans tous et chaque cas de cette sorte, un rapport détaillé devra être fait au quartier général souverain afin qu'il puisse être promulgué dans les ordres quotidiens des armées.

Si des individus faisant partie des commandos et employés comme agents secrets, saboteur, etc., tombent entre les mains de la Wehrmacht de n'importe quelle façon, c'est-à-dire par arrestation de police dans tout territoire occupé par nous, ils seront immédiatement délivrés au Service de sécurité (Sicherheitsdienst) ; toute détention de prisonniers de cet acabit par des gardiens militaires, c'est-à-dire se trouvant dans des camps de prisonniers de guerre, même à titre temporaire, est strictement défendue.

Cet ordre n'est pas applicable s'il s'agit du traitement de soldats ennemis capturés ou qui se rendent au cours de batailles normales (attaques sur une grande échelle ou opérations importantes de débarquement par mer ou par air).

Cet ordre ne concerne pas non plus le personnel ennemi qui cherche à sauver sa vie après une bataille navale, ou qui atterrit par parachute après un combat aérien et qui tomberait entre nos mains.

Pour la non-exécution de cet ordre, j'engagerai la responsabilité personnelle de tout commandant ou officier et ordonnerai sa comparution devant un conseil de guerre pour en rendre compte : soit de la négligence qu'il aurait montrée en pareil cas dans l'accomplissement de ses devoirs en ne donnant pas les ordres nécessaires à la troupe sous son commandement, soit de la raison de la non-exécution des ordres indiqués plus haut.

## Annexe 3

# Le premier article sur le commando Kieffer publié en France

*Le 6 juin 1944, le quartier-maître Maurice Chauvet débarque avec le commando Kieffer à Colleville-sur-Orne. Blessé cinq jours plus tard et rapatrié en Angleterre, il est mandaté par le quartier général des opérations combinées pour écrire un article commentant les prises de vues des correspondants de guerre. Remis sur pied, il est ensuite retourné combattre en Normandie. Distribué peu après le 14 juillet, alors que les Allemands occupaient toujours la rive droite de Caen, c'est le premier article publié en France où est mentionné le commando franco-britannique.*

Nous avons vécu un moment qui sera certainement en bonne place dans l'histoire, mais nous ne nous en sommes aperçus qu'après. Nous, ce sont les commandos du capitaine Kieffer, lui-même intégré à la brigade de Lord Lovat. Nous avons débarqué à Ouistreham, à l'extrême gauche de tout le débarquement.

Dans notre camp, un mois avant l'ouverture du second front, nous avons étudié des photos aériennes et des plans détaillés en relief de l'endroit où nous devions débarquer. Nous ne savions rien de son emplacement sinon qu'il était sur la côte française. Très vite, nous avons connu le terrain par cœur, et ce plan très incomplet, que nous savons depuis être un plan de Ouistreham, n'était destiné qu'à rappeler la position de points particulièrement importants. [...] Les défenses allemandes n'étaient pas indiquées, nous les connaissions si bien. Elles consistaient en blockhaus et d'autres points de défense, du boulevard Aristide-Briand, avec un point fort au casino. La mission des deux troupes françaises consistait à nettoyer les blockhaus jusqu'au point fort du casino, soit une douzaine d'ouvrages répartis sur cinq cents mètres environ. [...]

Je ne sais pas comment se sont passées les dernières minutes, les barges ont touché le sol et les deux coupées ont été poussées. Quatre matelots ont été blessés sur le pont, des balles de mitrailleuses sifflaient de tous côtés, venant de la gauche. Les garçons, debout sur la deuxième barge, étaient français. La barge a perdu ses deux coupées par un obus de 75 et je suis passé sur celle d'à côté, la 523. Il était 7 h 50. Je vois encore les trois piliers en faisceaux, enfoncés dans le sable, avec une mine accrochée dessus, qui ont effleuré la barge [...]

Après 25 ou 30 mètres dans l'eau jusqu'à la ceinture, il nous fallait traverser le plus vite possible le sable et les flaques d'eau pour atteindre le sable sec. Toute cette partie était balayée par un feu de mitrailleuse venant de la gauche. Je me suis mis en marche le plus vite possible, mais je ne me souviens pas avoir eu l'impression d'être mouillé. Il y avait beaucoup de blessés, et tout le monde se rendait vers son emplacement de ralliement. C'est à ce moment que j'ai aperçu le capitaine Kieffer, commandant le détachement français, blessé à la cuisse. Un de nos infirmiers lui faisait un pansement d'urgence et nous sommes repartis ensemble. Au passage, j'ai vu les gars de notre commando couchés là. À l'endroit où le sable commençait à être couvert de végétation, il y avait un réseau de barbelés. Une brèche de deux mètres y avait été faite. Il fallait se mettre en fil pour passer. Je suis resté quelques secondes là à attendre mon tour. Un camarade m'a dépassé à ce moment, et me dit deux ou trois noms de ceux qui venaient d'être blessés[1].

1. Extrait de la revue *Ensemble*, imprimée en français par le Stationnary Office à Londres pour les populations libérées.

Annexe 4

# Citation à l'ordre du corps d'armée

*À Paris, le 4 septembre 1944, le contre-amiral Thierry d'Argenlieu, chef d'état-major général adjoint, signe une citation à l'ordre du corps d'armée pour Léon Gautier. Elle est ainsi rédigée :*

Le quartier-maître Gautier Léon, 10887 FN 40 du 1er bataillon fusiliers marins commandos pour le motif suivant :

A participé avec succès, le 20 août 1944, dans le secteur de L'Épine, à un périlleux assaut à la baïonnette contre des positions ennemies fortement défendues. A montré en cette occasion un courage et un entrain magnifiques. A participé à la capture de nombreux prisonniers. » Cette citation comporte l'attribution de la Croix de guerre avec étoile de vermeil.

Léon Gautier a obtenu les décorations suivantes : chevalier, officier, commandeur et grand officier de la

Légion d'honneur ; médaille militaire ; Croix de guerre 1939-1945 avec deux citations, une palme et une étoile, médaille de la Résistance ; Ordre des palmes académiques ; Croix du combattant volontaire de la Résistance ; médailles commémoratives des Services volontaires de la France libre ; Ordre de l'Empire britannique.

Annexe 5

# Lettre du général Eisenhower

*À la veille du Débarquement et ne souhaitant pas repousser l'assaut, le général Dwight Eisenhower, commandant en chef des forces alliées, a écrit une lettre donnée à chaque soldat, marin et aviateur qui s'apprêtait à participer à l'opération Overlord. Voici cette lettre.*

Soldats, Marins et Aviateurs de la Force expéditionnaire alliée ! Vous êtes sur le point d'embarquer pour la Grande Croisade pour laquelle nous nous sommes préparés ces nombreux mois. Les yeux du monde sont rivés sur vous. Les espoirs et les prières de tous les peuples épris de liberté vous accompagnent. Avec nos valeureux alliés et nos frères d'armes des autres fronts, vous allez contribuer à la destruction de la machine de guerre allemande, à l'élimination de la tyrannie nazie sur les peuples opprimés d'Europe et à notre propre sécurité dans un monde libre. Votre tâche ne sera pas facile.

Votre ennemi est bien entraîné, bien équipé et aguerri. Il se battra farouchement. Mais voici l'année 1944 ! Beaucoup de choses ont changé depuis les triomphes nazis de 1940-1941. Les Nations unies ont infligé de grandes défaites aux Allemands, sur le champ de bataille, dans des combats d'homme à homme. Notre offensive aérienne a sérieusement réduit leur puissance dans les airs et leur capacité à mener la guerre sur terre. Nos efforts nous ont permis d'acquérir une supériorité écrasante tant en armes et en munitions qu'en importantes réserves en combattants bien entraînés. Le courant s'est inversé ! Les hommes libres du monde entier marchent ensemble vers la Victoire ! J'ai pleine confiance en votre courage, en votre dévouement et dans votre aptitude à combattre. Nous n'accepterons rien de moins qu'une victoire pleine et entière !

Bonne chance ! Et implorons la bénédiction de Dieu tout-puissant pour cette grande et noble entreprise.

Signé : Dwight Eisenhower, commandant en chef des forces alliées.

## Annexe 6

# Et celle qu'il avait écrite, au cas où...

Les débarquements dans la zone de Cherbourg-Le Havre n'ont pas réussi à conquérir une tête de pont suffisante et j'ai dû replier les troupes. Ma décision d'attaquer à ce point et à ce moment se fondait sur les meilleurs renseignements disponibles. L'armée, l'aviation et la marine ont fait tout ce que la bravoure et le sens du devoir permettaient de faire. Si quelque faute a été commise, j'en porte seul la responsabilité.

Signé : Dwight Eisenhower, commandant en chef des forces alliées.

## Annexe 7

# Lettre d'Alexandre Lofi à son commandant, Philippe Kieffer, hospitalisé

*Le 15 juin 1944, Alexandre Lofi, commandant par intérim du commando Kieffer, écrit à son chef, hospitalisé en Angleterre pour soigner ses blessures.*

Commandant,

Je n'ai pas besoin de vous dire combien nous avons tous regretté votre départ, mais il était essentiel que vous vous rétablissiez pour les opérations à venir. L'extraordinaire énergie dont vous avez fait preuve a vivement impressionné tous les hommes du bataillon. Votre courage a été pour nous tous un exemple inoubliable que nous saurons tous suivre. Je vous exprime les vœux que tous ici nous formons pour votre prompt rétablissement. Ne vous inquiétez pas, commandant. Le moral des hommes, en dépit des fatigues et des pertes lourdes, reste très haut. La troupe que vous avez formée est digne de ce que vous en attendiez. Toutes les patrouilles, toutes les missions qui nous ont été confiées ont été parfaitement exécutées. Chacun fait son devoir à la place qui lui a été désignée. Bon courage et prompt rétablissement. Soignez-vous et donnez-nous de vos nouvelles bien vite.

Croyez commandant, à mes sentiments respectueux et dévoués.

A. Lofi

Annexe 8

# Message personnel du commandant en chef à diffuser à toutes les troupes

*Au moment d'embarquer, les hommes du numéro 4 se sont vu remettre une lettre signée par le général Montgomerry.*

Le moment est venu d'assurer un coup formidable à l'ennemi, en Europe occidentale.

Ce coup sera donné par les forces combinées des armées alliées de terre, de mer, de l'air, constituant ensemble une seule grande équipe alliée, sous le commandement suprême du général Eisenhower.

À la veille de cette grande aventure, j'envoie mes meilleurs vœux à chacun des soldats de cette équipe alliée.

C'est à nous que revient l'honneur de faire renaître la liberté, qui s'inscrira dans l'Histoire ; et dans les jours meilleurs qui nous attendent, les hommes parleront de nos actes avec fierté.

Nous défendons une grande et juste cause. Prions ensemble pour que « le Seigneur tout-puissant dans la bataille » accompagne nos armées et que Sa Providence nous aide particulièrement dans la lutte.

Je désire que chaque soldat sache que j'ai pleine confiance dans le résultat victorieux des opérations que nous allons commencer. Avec des cœurs intrépides et l'enthousiasme pour le combat, allons au-devant de la Victoire.

Et, au moment d'entrer dans la bataille, souvenons-nous des paroles qu'un célèbre soldat prononça, il y a de nombreuses années.

*« Ou qu'il craigne trop son destin*
*Ou que ses mérites soient trop infimes,*
*Celui qui n'ose pas tout abandonner*
*Pour tout gagner ou tout perdre. »*
*Bonne chance à chacun de vous*
*Et bonne chasse sur les terres d'Europe.*

B. L. Montgomery
Général commandant en chef
21e groupe d'armées, 1944.

## Annexe 9

# Références bibliographiques


Beau-Lofi Denise, *Il fallait y croire*, Éditions du bout de la rue, 2013.

Bolloré Gwenn-Aël, *J'ai débarqué le 6 juin 1944. Commando de la France libre*, Paris, Cherche Midi, 1994.

Chauvet Maurice, *D-Day. 1er B. F. M. Commando*, Amicale des anciens parachutistes SAS et commandos, 1974.

Chauvet Maurice, *It's a long way to Normandy. 6 juin 1944*, Paris, Jean Picollec, 2004.

Direction de la mémoire du patrimoine et des archives, Service historique de la Défense, Recherche sur la création du 1er BFMC et le commandant Kieffer.

Goujon René, *Le Jour J au commando numéro 4. Les*

*Français du Débarquement*, Paris, Nouvelles Éditions latines, 2004.

Hédrich Marc, *L'Affaire Jules Durand*. Paris, Michalon, 2020.

Irving David, *Rommel, la trace du Renard*, Paris, Alta, 1979.

Kieffer Philippe, *Les Bérets verts français du 6 juin 1944*, Paris, France Empire, 1951.

La Sierra Raymond, *Le Commando du 6 Juin, numéro 4 commando*, Paris, Presses de la Cité, 1983.

Le Penven Éric, *Commando Kieffer. Free French numéro 10 et numéro 4 commando*, Paris, Heimdal, 2006.

Lepenven Éric, Simonnet Stéphane, *Numéro 4 commando, 1er BFMC commando du commandant Kieffer*, Paris, Heimdal.

Perrigault Jean-Claude, *21e Panzer-Division*, Paris, Heimdal, 2002.

Ryan Cornelius , *Le Jour le plus long*, Paris, Robert Laffont, 1970.

Simonnet Stéphane, *Commandant Kieffer. Le Français du Jour J*, Paris, Tallandier, 2022.

Simonnet Stéphane, Vilquin Gilles, *Sur les traces du commando Kieffer*, Paris, Schneider Media, 2017.

Annexe 10

# Lexique

**Aubette :** dans la marine, nom donné au poste de garde pour les unités à terre.

**Capitaine d'armes :** sous-officier, généralement un premier-maître ou un maître principal (l'équivalent d'un adjudant ou d'un adjudant-chef) chargé de la discipline et de la sécurité à bord d'un navire ou d'une unité de la Marine nationale. Issu de la spécialité de fusilier marin ou missilier, il est surnommé le « bidel ». Ce surnom fait référence à un célèbre dompteur de fauves du Second Empire, François Bidel. Dans la marine, le « bidel » avait parfois à gérer le retour de matelots rentrant à bord après une bordée un peu trop arrosée…

**Coupée :** passerelle permettant de débarquer ou embarquer sur un navire.

**Faubert :** dans la marine, nom donné au balai avec des cordes au bout du manche pour nettoyer et sécher le pont des navires pendant les corvées de nettoyage.

**Feldgrau :** surnom donné aux soldats de l'armée allemande pendant la Seconde Guerre mondiale, en raison de la couleur de leur uniforme vert de gris.

**FFI :** Forces françaises de l'intérieur. Organisme mis en place par la résistance française pendant la guerre.

**Guindeau :** dans la marine, treuil mécanique ou manuel servant à remonter l'ancre et la chaîne de mouillage par l'avant du navire.

**Garde :** cordage permettant d'amarrer latéralement un navire.

**HMS :** *His ou Her Majesty's Ship*, lettres précédant le nom d'un navire de la Royal Navy, la marine anglaise, et signifiant « le navire de Sa Majesté ».

**LCA :** le *Landing Craft Assault* est un navire de débarquement de conception anglaise destiné au transport de l'infanterie. C'est la plus petite péniche utilisée par la Royal Navy, et le principal navire utilisé par les Alliés au cours du Débarquement du 6 juin 1944.

**LCI :** *Landing Craft Infantry*, barge pour débarquer des troupes.

**LCP (L) :** *Landing Craft Personnel Large*. Péniche de débarquement plus petite qu'un LCI.

**Luftwaffe :** armée de l'air allemande.

**Maître :** grade dans la marine, équivalent à un sergent-chef ou à maréchal des logis chef.

**Mataf :** surnom donné à un matelot dans la Marine nationale. Le matelot breveté est le premier grade dans la marine.

**MG :** *Maschingewehr*, mitrailleuse allemande. La plus connue et la plus dangereuse est la MG 42. Les unités allemandes ont été dotées de cette arme capable de tirer 1 200 coups à la minute au cours de l'année 1942.

***Mile*** **:** le *mile* terrestre anglais correspond à une distance de 1 609 mètres, 1 852 mètres pour le mille marin.

**Nœud :** unité de mesure dans la marine, un nœud ou un nautique, équivaut à 1,852 kilomètre-heure.

***No man's land*** **:** espace inoccupé compris entre les premières lignes de deux belligérants.

**Otan :** l'Organisation du traité de l'Atlantique Nord est une organisation politico-militaire mise en place par les pays signataires du traité de l'Atlantique Nord afin de pouvoir remplir leurs obligations de sécurité et de défenses collectives. Le texte a été signé en avril 1949 et met en place une alliance militaire défensive contre toute attaque armée contre l'un de ses membres en Europe, en Amérique du Nord, en Atlantique Nord.

**Pacha :** surnom donné dans la marine au commandant d'un navire.

**PIAT :** *Projector Infantery Anti Tank* (lance-roquettes antichars).

**Rations :** nourriture conditionnée dans des caisses ou dans des boîtes pour les militaires en opération.

**Second-maître :** grade dans la marine équivalent à celui de sergent dans l'armée de terre.

**STO :** Service du travail obligatoire. Pendant l'Occupation, ce service, créé par Pierre Laval en février 1943, a envoyé des dizaines de milliers de jeunes travailleurs français en Allemagne. La plupart ont été requis. Mais bien avant, la création officielle du STO, de nombreux Français ont été envoyés de force en Allemagne.

**Tommy :** surnom donné aux soldats de l'armée britannique pendant la guerre.

**V1 :** en allemand, *Vergeltungswaffe* (« arme de représailles »), le V1 est une bombe volante, premier missile de croisière de l'histoire de l'aéronautique, utilisé par l'Allemagne nazie, notamment sur l'Angleterre pendant la Seconde Guerre mondiale.

**Wehrmacht :** nom donné à l'armée de terre allemande pendant la Seconde Guerre mondiale.

**WN :** Widerstandsnest. En Allemand, poste d'observation. Numérotés et lourdement armés, ils étaient disposés tout le long du mur de l'Atlantique. En Normandie, le plus connu est le WN 62 qui surplombait la plage d'Omaha.

Remerciements

Mes remerciements vont…
à Jacqueline, ma fille, pour sa présence pendant les
entretiens pour l'écriture de ce livre,
à Frédéric Leterreux pour sa patience,
son implication et sa plume si fidèle à mes propos,
à Stéphane Simonnet, docteur en histoire,
spécialiste du commando Kieffer,
au Mémorial de Caen et à son service des archives,
à Patricia pour ses avis toujours éclairés,
à Julien Crué, journaliste reporter.

Achevé d'imprimer en juin 2023
sur les presses de la Nouvelle Imprimerie Laballery
58500 Clamecy
Numéro d'impression : 306473

*Imprimé en France*

La Nouvelle Imprimerie Laballery est titulaire de la marque Imprim'Vert®